# 托尔斯泰的智慧箴言

## 冬之卷

[俄] 列夫·托尔斯泰 著
梁祥美 译

新世界出版社
NEW WORLD PRESS

**图书在版编目（CIP）数据**

托尔斯泰的智慧箴言. 冬之卷 / (俄罗斯) 列夫 · 托尔斯泰著；梁祥美译. -- 北京：新世界出版社，2017.3

ISBN 978-7-5104-6147-7

Ⅰ.①托… Ⅱ.①列… ②梁… Ⅲ.①托尔斯泰( Tolstoy, Leo Nikolayevich 1828-1910) - 箴言 Ⅳ. ①K835.125.6

中国版本图书馆CIP数据核字（2017）第014260号

**托尔斯泰的智慧箴言. 冬之卷**

---

**作　　者**：[俄] 列夫 · 托尔斯泰
**译　　者**：梁祥美
**责任编辑**：丁　鼎
**责任印制**：李一鸣　高　金
**出版发行**：新世界出版社
**社　　址**：北京西城区百万庄大街24号（100037）
**发 行 部**：（010）6899 5968　（010）6899 8705（传真）
**总 编 室**：（010）6899 5424　（010）6832 6679（传真）
http://www.nwp.cn
http://www.nwp.com.cn
**版 权 部**：+8610 6899 6306
**版权部电子信箱**：nwpcd@sina.com
**印　　刷**：北京旭丰源印刷技术有限公司
**经　　销**：新华书店
**开　　本**：880mm × 1230mm　1/32
**字　　数**：160千字　印 张：8
**版　　次**：2017 年 3 月第 1 版　2017 年 3 月第 1 次印刷
**书　　号**：ISBN 978-7-5104-6147-7
**定　　价**：30.00元

---

# 目　录

## 10月

## 11月

## 12月

# 10
# 月
# October

# 10月 1日

## 圣人不怕无知

圣人并不怕没有知识，也不怕怀疑、困难和省察，他唯一怕的是以不知为知。

人因领悟到自己所知有限，认为有多学习的必要。

——蒙田

自己有不知道的事情，勿以请教别人为耻。

自我控制像一棵满足于其根部也安于其果实的树。

无时不忘记讲真话，即使知道可能会给人不愉快的印象。

徒有学问却不知利用的人如同只耕地却不播种的人。

——阿拉伯金言

要凡事察验，善美的要持守。

——《帖撒罗尼迦前书》5：21

人的精神力量不会有“不足”的现象，会不足的是人摄取它的能力；人死并不是因为缺乏空气，而是因为缺乏呼吸空气的能力。

过去存在、将来应该也存在的各种要素——肉体上的、智力上的以及精神上的各种要素——现在也存在于人的内部；一个人是否拥有睿智，取决于他是否懂得掌握这些要素。

——露西·马洛丽

真正的大智慧不仅在于知道何为善、如何为善，也在于知道何为最善、何为其次，并因而知道何者该先做、何者该放在第二位。

——佚名

※

我们之所以说大智慧的内容是消极性的，就在于知道什么是不合理的、什么是不合法的、什么是不该做的。

# 10月 2日

## 道德上的教诲

宗教与道德上的教诲虽然讨论的方法不同，但所做的事情是一样的。

我告诉你们，不要为生命忧虑，吃什么，喝什么，穿什么，要为身体忧虑；生命不胜于饮食吗？身体不胜于衣裳吗？

你们看那天上的飞鸟，也不种，也不收，也不积蓄粮食在仓里，你们的天父尚且养活它；你们不比飞鸟贵重得多吗？

你们哪一个能用思虑，使寿数多加一刻呢？

所以不要忧虑，说，吃什么？喝什么？穿什么？

你们要是求他的国和他的义；这些东西都会送给你们。

所以不要为明天忧虑，明天自有明天的忧虑；一天的难处难一天就够了。

——《马太福音》6：25～27、31、33～34

筐子里有的是面包，却为不知明天吃什么而烦恼的人，是缺乏信仰的人。

——《犹太法典》

最高尚的信仰并不是希望达到某种目的，最卑劣的信仰是带有某种目的的。

真正有信仰的人，在所有存在物中认识神，并在自己内心意识到自身与所有存在物的合一。

——佚名

佛陀说，世界上有很多难事，比如贫穷而深具慈悲心、富贵而具有宗教信仰、不向命运低头、克服情欲、看到吸引人的东西也不想占有、虽不成功仍保持坚强的力量、不存恶念、不存报复心的忍辱、探究事物的根底、不指责无知的人、走出小我的自私心、成为善良的有学问而且聪明的人、探寻宗教根源、独自走进灵魂深处、避免与人争论等。

——中国佛典

大部分人都不倾听神的声音，只是盲目地信神。其实，人最好能倾听神的声音但又不盲目信神。

活在永恒，同时也活在刹那！换句话说，我们应该以自己将永远活着的心情努力工作，而以自己立刻就要离开世界的心情与人交往。

——佚名

宗教的本来面目乃在于认识我们的一切义务，而这些义务是以神的戒律为依据的。

——康德

※

道德上的教诲如果不是宗教的、义务的，便是不完全的。而宗教如果不是道德的、不是在于把人导向善良的生活，便无存在的必要。

# 10月3日

## 富贵不能给人满足

富贵绝不能给人满足；人越是富贵，欲求的也就越多，而所欲求的也越不容易满足。

要给人的欲望划定绝对的界限，即便不是完全不可能，至少是非常困难的。人的满足感纯粹是个相对的东西，它受人的欲望和他的财产两者之关系所左右。因此对人的满足感而言，财富本身如同没有分母的分数，不具有太多意义。如果人所缺少的是自己不想拥有的东西，那对他而言就等于没有用的东西，在这种情况下，人也有十分满足的可能。但如果有人比前者拥有多出千百倍的财富，却未能拥有自己所要的东西，那么他一定会认为自己是个不幸的人。

——叔本华

真正值得可怜的贫穷并不是拥有的少，而是欲求的多。

——塞内加

不要为自己积攒财宝在地上，地上有虫子咬，会锈坏，也有贼挖窟窿来偷；要积攒财宝在天堂，天堂没有虫子咬，不会锈坏，也没有贼挖窟窿来偷；因为你的财宝在那里，你的心也在那里。

——《马太福音》6：19～21

我们所该求得的是盗贼无法抢走的、暴君无法侵害的、死后仍能留下来的、绝不会腐朽的财富。

——印度谚语

尽量减少欲望，尽量以给予代替取得，没有比这样更好的生活态度。

——爱默生

※

不为贫困而苦恼，有两种方式：增加自己的财富以及减少自己的欲望。前者往往非我们能力所能及，但后者是我们能力范围内的事。

# 10月4日

## 自己的缺点

只有彻底了解自己的缺点，才能公平地对待别人的缺点。

我的孩子啊！当有人毁谤你的时候，不要太介意，把它当作不值一提的小事吧！可是当你毁谤人的时候，你不能认为“这没什么，我说的不是什么大不了的事”，原谅自己的良心，绝不能这样做！你必须带着真诚与友情向你所毁谤的人祈求原谅，在未获得原谅与言归于好之前，必须把它当作一件重大的事。

——《犹太法典》

假如我们置身于别人的立场，往往就不会再对别人有厌恶之情；而假如把别人的立场置于己身，往往不会再那么傲慢。

——佚名

一个人不懂得宽恕别人，就等于把自己非过不可的桥摧毁。对所有的人而言，宽恕是不可或缺的。

——赫伯特

我们都会轻易责备别人的罪过，但假如我们勤于自省，便会发现我们自身也有那些罪过，甚至有更恶劣的罪过。

把石头丢进大河，河水并不受到影响；有信仰的人若因别人的恶评而心乱，他就不是大河，而只是水塘。若某人陷你于不幸，你应该借着原谅他以忍受不幸！事实上你自己也是需要别人来原谅的。要记得，我们每个人不久都将归于尘土，化为尘土之前，让我们忍受那层淡淡的哀愁，和平相处吧！

——萨迪

只要稍微想一想，我们就会发现，自己对全人类所犯的某种罪过（例如因私权的不平等，虽然我们享有某种财富，别人却因之而苦于贫乏之类的罪过）。因此，我们不能不去探究自己的真正价值，不能不承认自己对全体人类所负的种种债。

——康德

# 10月 5日

## 勿责难邻人

对于邻人的缺点，我们必须在多方观察了解之后再表达意见。

看到有人犯错的时候绝对不要生气！应该没有人要故意犯错的，应该没有人愿意自己的理性是盲目的；一个人之所以犯错，是因为他把虚伪的东西当成了真理。

有些人虽不是迷妄，但当真理已在眼前清晰可见的时候，却故意不接受真理；在这种情况下，他们并不是不了解真理，而是担心真理将暴露他们的恶行，让他们无从为自己的罪过辩解。对于这种人，我们也不必愤怒，倒是应该同情，因为他们的良心害着病呢！

——艾皮科蒂塔斯

时间会过去，但说出来的话却会留下来。

——佚名

如果有一群人厌恶某人，则你在加入他们之前，必须非常慎重，把原因先查明。如果有一群人赞美某人，在你加入他们之前，也必须这么做。

（原文：众恶之，必察焉；众好之，必察焉。）

——孔子

我们的烦恼和不安，主要是由于我们忘了改正自己，而只想着改正别人的缘故。

——露西·马洛丽

纵情都是不注意引起的；言语慎重是伟大德性的表征。

——圣贤思想

※

假如你非责备某人不可，那么不要在背后说他，最好当面说，而且避免引起他对你的恶感。

# 10月 6日

## 可怕的不是疾病本身

疾病是自然现象。我们必须知道怎么预防它，必须知道怎么适当地解决它。

“健康的精神存在于健康的身体”，尽管这句话在某种情况下或许正确，但事实上只有拥有健康的精神才能有健康的身体；道德的生活——劳动、简单的饮食、节制、禁欲——健康的所有条件都在其中。

忽视肉体的健康等于剥夺自己服务于人的可能性，但对肉体过分费心也会导致同样的结果。要做得刚刚好，只有一个方法：在不妨碍服务于人，也不会与此发生矛盾的范围内，留意自己的身体。

——佚名

并没有任何疾病会妨碍一个人尽他的义务；如果不能再靠劳动服务于人，那么以“满怀着爱的忍耐”所暗藏的力量来感化别人！

思想上的疾病比肉体上的疾病更难应付，而且前者比后者更常见。

——西塞罗

当一个人生了病，无法过日常生活，疗养成为生活的全部时，会非常怀念过去所过的平凡生活。这时候，无论疾病轻重，若能照常生活，不把注意力全部集中在疾病上，对于病况的恢复或许更为有效；只要认真生活，就可以避免对身体的不断烦恼和恐惧。

——佚名

※

可怕的不是疾病，而是治疗的过程。但这里指的并不是有害的治疗方法，而是认为自己可以因疾病而罔顾道德上的要求。

# 10月 7日

## 神不是偶像

我们可以不称呼神的名字，可以避开神这个字眼，但我们不能不认识神；没有神，便一无所有。

因为神存在，而且我知道神存在，所以才能知道现在我所知道的这一切事情。

只有认清这个事实，我们对别人、对自己、对超越时空的生活，才能有稳固的关系；我不但发现了这个事实的真实性，也发现了违背这个事实的见解之完全不可解，而且看出只有这个事实是最容易让大家了解和接受的真理。假如有人问，神是什么，我将回答："神是无限的存在，我是属于它的一部分。"

神对于我而言是我精进的目标，我全部的生活也就在此；而由于神是我精进的目标，所以它对于我而言是确实存在的。然而，尽管我有可能了解神，我却无法给它任何定义。假如我了解神，便已走到了神之处；而假如我没有精进的目标，也就不可能有生活。

我虽然能了解神，却无法为神正名。我确实是知道神的，也知道走近神的方向——在我具备的所有知识中，这甚至是最确实可信的知识。离开神的时候，我经常会感到恐惧，只有与神同在的时候，我才能免除恐惧。

——佚名

由自私的目的产生的宗教行为，如求雨的祈祷、以将来的报酬为目标而奉献供物得，均是利己的行为。但纯粹由认识神的结果所产生的行为，不含私利的行为，才是最具价值的。

在所有生物以及非物之中，认识到至高智慧的真正具有信仰的人，必能牺牲一己有限的认知能力，投入到光辉灿烂的神灵境界。

所有婆罗门教徒都应该用心观察，以便发现一切有形、无形的世界都存在于神的智慧之中，因为一个人若能有这层发现，也就不会再屈服于邪恶的思想。

——《马奴法典》（印度）

当我对你们说起神的时候，你们不要认为我说的是以金或银所做的某种物体。我对你们提到的神，是你们在自己心中所感觉到的东西，其实神随时在你们心中，只是由于不洁的想法或恶劣的行为，把心中神的形象给污染了。在你们所崇拜的黄金偶像面前，你们常常战战兢兢地怕得罪了神明，但在你们自己心中的看得到、听得到一切的真正的神面前，即使有邪恶的思想或行为，你们反而不觉得羞耻了。

假如我们经常了解神就在自己心中，亦即了解这位我们一切思想与行为的见证人就在我们身体里边，那么我们就绝无犯罪的可能。让我们尽可能常常想起神就在身边吧！

——艾皮科蒂塔斯

神并不是我们非祈求或是谄媚不可的偶像，而是人在其日常生活中所必须实现的理想。

——露西·马洛丽

我特别能感觉到神的存在，并非是在我走向神的时候，而是在我叛离神或遗忘神的时候。我以“神”来称呼，但我不知道这样称呼是否正确，不知道你们是否了解我的意思？

——梭罗

即使有人不知道自己呼吸的是空气，但当他窒息的时候总会有某种东西被剥夺了的感觉。失去神的人也会有同样的感觉，即使他不知道神是什么。

——佚名

我们绝对无须勉强走近神。“把我带到神那儿吧，让我能靠近神而生存；我一向是靠着恶魔活过来的，让我从此依神而活吧。若能如此，所有的不幸一定会消失的。”——这真是大不幸。接近神与结婚有类似的情况，如果不是发自内心，便无法走近。因此对于不是发自内心走近神的人，我想对他说：“那么去接受诱惑吧！”而如果有人问：“只走近神而不走近恶魔是不是一种错误的想法？”对这样的人，我想对他大喊：“去吧，到恶魔那儿去吧！”若要徘徊在歧途，或装成接近神的样子，不如好好以恶魔之火焚身，结果必胜过前者百倍。

——佚名

※

经常不忘记神是件了不得的事。这里指的并不是从言语上来了解神，或是从口头上来称呼神，而是随时想到神监督着我们的一举一动，有时会责备我们的生活态度，有时会赞赏我们的生活方式。在平民之间有这样的话：“喂，你把神忘了！”

# 10月8日

## 贫富之分

假如基督教徒能守住自己的法则，这个世界便不可能有贫富之分。

有人来见耶稣，说："我应该做什么善事才能得到永生？"耶稣说："你若愿意做完美的人，可以去变卖你所拥有的，分给穷人，则必有财宝在天堂，你还可以来跟从我。"

——《马太福音》19：16、21

富有的人对于别人的悲伤经常是冷漠的、不关心的。

——《犹太法典》

物欲是可怕的，真的是非常可怕的，它让我们眼盲、心盲，使得我们比野兽更残忍，竟不允许我们想到良心、友情、社会或灵魂的拯救等；它像暴君一样，让我们成为它的奴隶。尤其可怕的是，越跟着它走，我们就越满足，以至于我们竟甘心处于这种奴隶状态。

——琐罗亚斯德

富者与贫者是在于相互的关系上；富有阶级的存在就等于表明贫民阶级的存在；富有阶级无节制的奢侈不可避免地造成了贫民阶级可怕的穷困；富人是掠夺者，贫民是被掠夺者。正因为如此，基督才经常表示对穷人的同情以及对富人的憎恶；依基督的说法，被掠夺者胜于掠夺者。在实现了真理的国度就不再有贫富之分。

在贫富悬殊的社会里，一般人很容易成为掌权者的俘虏。极度贫困的人根本就缺乏反抗的力量；而极度富有的人则因为仓库囤积太多的东西，已不再有冒险或改革的精神。

——亨利·乔治

※

人只有昧着良心才有可能在无数贫困者面前炫耀富有。

# 10月9日

## 认识自己的精神力量

对生命的认识已经进入最高精神境界的人，对生或死也就不再感到不幸。

在世界上，我们对现实生活的意识之觉醒是以物质形式出现的，但物质形式却限制了我们的精神本质。

因为物质限制了精神，所以真正的人生乃在于不断破除这种限制，而死就是对于它的完全破除，就是完全解脱——这层认识将使我们对生与死同样释然。

——佚名

无论命运把你抛向何处，只要你相信自己的存在法则，你的本质、你的精神、你的生命核心、你的自由和力量就都与你同在。世界上绝对没有任何表面的幸福或伟大值得你破坏自己与心灵的合一，或破坏精神的完美，不幸陷于与自己内在的不调和当中。

——奥勒留

我们内心有某种伟大的全能的无限的东西，也有某种狭隘的脆弱的东西——我们能清楚意识到这两者间的矛盾，正因如此，我们时而苦恼时而欣喜着。

——佚名

从肉身产生的，就是肉身；从灵魂产生的，就是灵。

我说你们必须重生，你不要以为稀奇。

风随着它的意思吹，你听见风的响声，却不晓得它从哪里来，往哪里去；凡从圣灵处产生的，也是如此。

——《约翰福音》3：6～8

只有活泼的、道德的、精神的、深刻的，而且是宗教的意识，才能给予人生全部的尊敬和精力。这样的意识既不会干涸，也不会为任何东西所征服。

——爱弥尔

当一个人能了解世上的一切皆为这个至高精神所支持，也了解这个至高精神贯穿于所有存在物之中，他便无法慢待一切。

当一个人能了解所有精神性东西与那更高精神本是一体，

他便无虚妄与悲叹的余地。

不了解这些事、只看重宗教仪式的人，可以说是沉沦到一片黑暗中，而一辈子只拥有世俗观念的人，则陷入更深的黑暗之中。

——《奥义书》

人生的法则乃在于由无形的东西产生了有形的东西；原因隐藏着，显现出来的仅仅是结果；原因是无限的，结果则有终了。相信无形的东西便是相信一切力量的原因，只承认有形的东西等于只承认无益的、一时性的、必灭的东西。

——露西·马洛丽

一心向往神的人，神会帮助他，因此人向着神精进是不足为奇的；神自己会来接近人，会进到每个人心中；不向神靠近而还能平安的心灵是绝对不存在的。

——西塞罗

※

一个人若想得救，必须认清自己的精神力量不可；对自己的精神力量有所认识的人，无论其遭遇如何，绝不会再被不幸所侵袭。

# 10月 10日

## 认清自己的重要性

在道德生活中，一切事情的重要性并不是以物质上的意义以及它所产生的结果来衡量的，而是由道德上的努力程度来决定。

对于该做的事以事情太小为理由未实行的人是自我欺骗的；其实他之所以不去做，并非由于事情太小，而是事情过于伟大。

——蒲赛

如果一个人不认为自己是为完成某种使命才来到世界上，他就不是一个有教养的人。

——中国金言

人不是凭借思考而是通过实践来认识自己；努力去做该做

的事，人才能了解自己的真正价值。

——歌德

即使事情未彻底完成亦无妨，切勿半途而废。

把事情托给你的“那一位”——它是永远怀着希望的。

——《犹太法典》

大部分人在试图改善自己的生活时，所希望的往往是能完成某种异乎寻常的困难的事，而忘了该做的是净化自己的欲望，是不忽略存在于自己四周的平凡的义务。

——费内隆

※

一般人认为，无足轻重的事，自己也应该给予轻视——没有比这更有碍于道德的完成了。

# 10月11日

## 人的傲慢心

大部分人所夸耀的并不是真正值得尊敬的东西，而是不必要的、有害的东西，如权力、财富。

如果有人认为自己并不比任何人优秀，也找不到夸耀自己或满足自己的理由，那么他绝不是一个没有价值的人。

——佚名

有些人才刚悟到一点圣贤的教诲，就立刻想把它教给别人，他们就和把刚吃下的食物吐出来的胃一样——千万别跟这种人学习。从耳朵听到的教诲必须先在自己嘴里细嚼，别急急忙忙把它吐出来，否则那只是一堆无益的、可怕的秽物而已。

——艾皮科蒂塔斯

一个人能意识到自己的愚蠢便算是有智慧的人；一个人若坚信自己的聪明，便不是聪明的人，而是真正的愚夫。

愚人在贤者身旁过了一辈子，仍然一点真理都无法了解，就如同调了羹却一点都不知道汤的味道。

——佛陀

极度自满的人通常都把自己拘限在狭隘的壳里，这是有相互因果关系的——因为他极度自满，所以总是狭隘的；而因为他是狭隘的，所以极度自满。这样的人，认为自己再也无法做出更好的事，认为自己所做的一切都已圆满。

——佚名

※

人的傲慢一开始可能给人一种错觉，也就是说，大家可能被他所迷惑，附和他所坚信的事。一旦大家醒过来，那个人立刻就变成了一个滑稽可爱的人。

# 10月 12日

## 脱离社会习惯

一个人要脱离种种已经接受的习惯，是需要非常大的努力的，然而内心选择的第一步总是跟脱离习惯密不可分。

“我当然应该按照我自己所想的样子去做，而不应该按照别人所想的样子来做。”——这一个原则，无论是对现实生活还是精神生活，都同等重要。但要遵守这个原则是困难的，因为在你的周围有太多人认为他们比你更懂得你该做些什么。我们在世界上，按照世界的习惯生活是容易的，在孤独中按照自己的意思行动也是容易的。但在人群之中还能保持自己的独立性，才是真正伟大的人。

——爱默生

社会对每个人说：“按照我们所想的样子来想吧，相信我们所相信的吧，我们怎么饮食你也怎么饮食，我们怎么穿戴你也怎么穿戴，否则你就要变成被诅咒的对象。”违背社会习惯的人，社会便以嘲笑、恶评、毁谤、排斥、憎恶等来让他过地狱般的生活。但不要向社会低头，拿出勇气来吧！

——露西·马洛丽

遵从自己良心的要求、脱离周围社会习惯的人，对自己必须非常谨慎而且严格要求；他所有的过失和弱点恐怕都要被当成极大的罪过，而尤其严重的是一不谨慎便会推翻自己煞费苦心所做的决定。

——佚名

迎合实际上与你并没什么关系的种种社会习惯，将浪费你的精力，剥夺你的时间，抹杀你本性的特点；若你一直支持陈旧的制度，人云亦云，向所有人低头，最后才想要了解究竟怎样才是真正的自己，将会变得非常困难。不用说，你最可贵的能力都用到微不足道的事情上了，这样的生活将同时扼杀心灵与肉体。

——爱默生

当我们过道德生活的时候，必为邪恶的人所迫害；当我们守善德的时候，必遭受那些人的嘲笑，但我们无须因此悲叹或认为受侮辱。有德者唤起邪恶者之憎恨是必然的事；邪恶者嫉妒想过正当生活的人，他们以破坏别人的名誉来为自己辩护，他们把有德者当作与自己背道而驰的人去憎恨。但我们不要因此而去悲叹，因为为邪恶者所憎恨，正好证明了自己是守善德的人。

——琐罗亚斯德

※

对不顺从社会习惯的人发怒是邪恶的行为，但沉沦在普遍社会习性中，违背自己的良心或理性的要求则更加邪恶。

# 10月13日

## 社会的暴力

在人类社会，以理性来引导人民，让他们能认识所有法则，比让他们在暴力压制下生活更能顺应自然。

最伟大的贤者（国君）治理国家的时候，人民虽然都顺从他的力量，但并未察觉到他的存在；次一等的国君，人民都同他亲近并赞美他；再次一等的国君统治国家的时候，人民都怕他；而最末一等的国君，人民都轻视他。

（原文：太上，不知有之；其次，亲而誉之；其次，畏之；其次，侮之。）

——老子

未觉醒的人认为国家的制度是神圣的，而且如人体的器官，是人类生活不可缺少的条件。但对觉醒的人而言，统治者加诸于他们的是某种不合理的幻想，他们往往是以暴力的强制手段去实现愿望的走入歧途的集团。尽管暴力存在的时日已然久远，尽管其样式有所变化，组织有所不同，但暴力的本质始终没有改变。对觉醒的人而言，并没有所谓“国家”的存在，因此也没有以国家之名来施行暴力的任何理由，他们是绝不可能参加暴力的。国家间的暴力凭借外在的手段绝对难以消除，只有靠对真理有所觉醒的人才有可能消除它。

——佚名

对于过去的社会状态，国家的权力也许有其必要，今日或许也有其必要。但人类已经不能不看出，或不能不有所预期，会有一种新的社会状态，而暴力只不过在妨碍人类的和平生活。不仅如此，人类必须以其内在的成长，以及绝不参与暴力的态度去实现这种社会状态。

——佚名

强大的力量是由人类间的互爱而来的；互相敌对，必定削弱力量。由于在爱之中合而为一，我们能够稳固立身；因互相争斗而四散，最后必逐一倒下。

——露西·马洛丽

※

让我们努力去过不必使用暴力的生活。

# 10月 14日

## 艺术的使命

艺术的使命乃在于将人类所能到达的崇高而善良的情感传达给所有人。

真正的艺术作品将使得接受这种作品的人，在其意识中消除他们与作者之间的界限，不仅如此，也将使接受它的所有人不再分彼此——像这样将自己与别人互相融合，就是艺术最有力的地方，也是艺术的本性。

——佚名

所谓产生思想，并不是重复一向所知道的东西，能够给出新的想象与思考时才能这么说。这种现象也可以用来指艺术作品；只有出现能为人带来有益的新情感时，才有所谓的艺术创作。

——佚名

艺术是人类进化所需的两根管道之一。人借语言来传达思想，另外人还借艺术形象，与现在活着的人，也与过去以及未来的人们互相沟通情感。

——佚名

有所谓知识的成长，即以真实的、必要的知识取代虚伪的、不必要的知识。同样的，也有所谓情感的成长，即以艺术以人类更善良、更必要的情感来代替不善的、不必要的、卑劣的情感。

艺术的意义便在此。

——佚名

无论任何时代、任何社会，都有那个时代、那个社会的人所共同的宗教意识；这种宗教意识可能是善的，也可能是恶的，而同时这也决定了艺术所传达的种种情感的价值。

——佚名

基督教艺术必须把只有当前社会善良人士才具备的对邻人的爱以及四海皆兄弟的情感变成人之常情、人之本能。基督教艺术不但要在人们的观念中唤起同胞爱的情感，并且教人去在实际中经验这种情感；这种艺术，在人的精神领域铺上坚实的轨道，让人的行为得以沿着它自然进行。

——佚名

所谓基督教徒的自觉，就在于认为每个人皆为神之子，并且理解由此而产生的人与人相互间的合而为一，以及人与神的合而为一。基督教艺术的内容也必须是与此一致的一种情感。

——佚名

现代的艺术使命是将“人类彼此融合才有安宁幸福”这一真理从判断推理的领域带到情感的领域，而且以神的王国，亦即被我们认为是人生最高目的的爱的王国，来代替目前以暴力所统治的世界。

由宗教意识所产生的情感是丰富而且全新的，因为宗教意识能够表示人对世界的新关系；享乐派的情感则是不可抑止的，是自古绵延下来的。无怪乎欧洲缺乏信仰的上流社会，他们的艺术所表现的内容是那样的贫乏。

——佚名

※

将来科学或许会为艺术启示新的高远的理想，艺术将会去实现这个理想。但现代，艺术的使命则是明白而且确定的，也就是说，基督教艺术的任务是在于实现人类同胞间的爱。

# 10月 15日

## 人的使命

人的使命在于省察自己的心灵，也就是在于把握自己的心灵，并以爱发扬它。

如同奶妈守护着交到她手里的小孩，我们也必须守护交到我们手里的灵性之光，并且让它成长，让它尽可能走向神的领域。为了完成这件事，究竟需要些什么要素呢？需要的不是情感的满足，也不是人间的荣誉，而是勤劳、奋斗、丧失、苦难、迫害等，也就是如福音书里所说的众多事；这些要素以各种形式不同程度地出现在我们身上，我们必须晓得这些都是不可或缺的、应该欣然接受的要素，而不应该认为它们只是些破坏我们肉体生活的可悲可恨的东西。

——佚名

力量将随着成长而增强——肉体如此，精神亦然。假如你一直停留在儿童阶段，你在物质世界便一直是脆弱的。同样的，假如你的精神没有成长，你在精神世界也将一直是脆弱的。

——佚名

人生的意义不但在于自我的完成，而且在于为全人类的幸福生活完成献身。

人在活着期间，自我的完成是可能的，为全人类幸福生活的完成献身也是可能的。但只有借自我的完成才可能为全人类献身，也只有借为全人类献身才可能有自我的完成。

——佚名

所谓自我完成就是把“自我”逐渐由肉体生活移向精神生活。对精神生活而言，既无时间的存在，亦无死亡存在，正因如此，一切都是幸福的。

——佚名

我们来到世界上，目的在于改善前人之所为，在于揭发种种欺骗，唤起真理与善。因此，人一刻也不应停留在过去的事物上，要随时改正自己，每天早晨迎接一个新日子，每一时刻期待新的生活，而且随时向拥抱我们的大自然学习。

——爱默生

正义有时就像长时间埋在山中不动的种子，一旦接受阳光与水分的滋润，它便获得新生，发芽、成长、开花、结果。但以暴力或不义所撒播的种子则会腐烂、枯萎，终至消失踪影。

——《犹太法典》

五岁小孩跟我们之间只有一步之差；婴儿与五岁小孩之间有惊人的距离；胎儿与幼儿之间存在着深渊；未存在之物与胎儿之间所存在的，不是深渊，而是不可到达的无限距离。

——佚名

※

从幼年时代，一直到死，人的精神（灵性）总是不断地成长，逐渐深刻地意识到自己的灵性，接近神，进而走向自我完成的境界；无论你是否明白，是否愿意，这种活动总是在不断进行着。假如你了解神所希望的，你也和神抱着同样的希望，则你的生活会是自由而喜悦的。

# 10月 16日

## 神在每个人心中

神就活在每个人心中；在自己心里意识到神，对每个人而言，是可能的；这个意识的觉醒在福音书中称为“复活”。

果子开始长大的时候，花瓣便掉落了。同样的，当你内心对神的意识开始成长的时候，你的软弱便消失了。

即使几千年来天地之间充满了黑暗，一旦有光透进来，世界立刻明亮。你的灵魂也有同样的情形，即使长久处于黑暗之中，一旦有神在你灵魂中觉醒，它便立刻明亮起来。

——婆罗门教箴言

我们的自尊是因我们在自己心中意识到神而产生；自尊的基础存在于宗教之中。最好的例子是谦让之伟大；任何贵族、王侯都无法跟圣人的自尊相比；圣人之所以能做到谦让，完全是以自己内心所领悟到的神之伟大为凭借。

——爱默生

神就在你身旁，神就在你身体里边，神与你同在；神经常存在于我们内心里，是我们的善行与恶行的目击者；人没有神便无法成为善良的人。

——西塞罗

当你痛苦的时候，沉潜到自己内心深处吧！到某一个限度，你会发现神的。而当你在自己的内心发现神的时候，所有痛苦的事都会变得轻快、容易忍受，并且你还能感受到爱与喜悦。

——佚名

※

即使在心中感觉不到神的力量，那也绝不是神的力量不存在于你心中的证据，我们只能说你尚未学会在自己心中认识神。

# 10月 17日

## 宗教意识的变化

只要有人也有神，人与神之间就必然存在某种关系。并不是以往所存在的这种关系比现在所存在的重要且妥当，而是现在所存在的两者之关系其实更容易了解，更容易亲近。并不是现在的这种关系必须由过去的这种关系来查验，情况应该是相反的。

人类只是从真理的启示中接受那些古老的、已经落伍的东西，而且把最直接的启示、最具独特性的思想认为是微不足道的，有时甚至带着厌恶之情拒绝它，这是多么令人惊奇的事！

——梭罗

一个人若固守于某种概念（即使那是正确可信的概念），为了不致犯错，他便陷于如同缚身于柱一般的状态；在精神的某个发展阶段看来，像是真理的东西却妨碍精神的继续发展，甚至会在更高的发展阶段造成错误。

——露西·马洛丽

我们最容易相信却也是最有害的迷信之一就是认为世界是被创造的，认为有造物主这样一个神存在。

实际上，关于有造物主存在的想法，我们既无根据证实也无必要求证（中国人与印度人并未有此想法）。而且作为造物主的神与基督教所讲的神或灵并无任何共同点，这里所谓的神或灵也就是爱，“爱”这样一个神就活在我心中，是它构成了我的生活，让我的生活有明明白白的意义。所谓造物主之类的神，对人的苦恼或邪恶是漠不关心的，无动于衷的，“灵”或“爱”则让我们避免苦恼与邪恶，经常给我们完全的安宁和幸福。

——佚名

※

在《奥义书》《古兰经》、佛典，或孔子、老子的话中，都有很多好东西。但最必要的、最易解的、与我们最接近的，却是我们自己对于宗教的思考。

# 10月18日

## 把握现在

过去已经不存在，未来还没来临，存在的只是现在；只有现在能表现人生自由而神圣的力量，表现人们充满智慧与善良的行为。

耶稣说："光在你们中间，没剩下多少时候，趁着有光抓紧行走，免得黑暗降临到你们身上；那些在黑暗中行走的人，不知道该往何处去。"

——《约翰福音》12：35

大家都懂得所有习惯皆能靠练习来加强，例如若想成为旅行家则必须常常走路，想成为善跑者则必须多跑步，想善于读书则必须多读书。反之，若停止平常的习惯性动作，习惯便会逐渐减少，例如躺了十天再起来走路，你会发现双脚变得无力。所以假如你想养成某种习惯，就要多做那件事。

关于我们精神方面的能力也有同样的情形：当你愤怒的时候，不仅做了一件坏事，同时也加强了自己愤怒的习惯，这等于在火上浇油；你经不起肉体上的诱惑时，不要认为自己只在这一点上犯了罪，事情实际更严重，也就是说，你同时加强了肉体行为的习惯；凡是具有理性的人都会告诉我们，我们的邪念或欲望显然将因此而增多。因此，假如你不想成为易怒的人，就必须抑制愤怒，切勿助长愤怒的习惯。但在与自己的顽念斗争的时候，我们究竟应该凭借什么才能获得力量呢？

在努力于试图屈服于诱惑的顽念斗争的时候，最好与德性崇高的人交往，阅读并记取先哲的教训。真正的斗士指的是与自己的恶念战斗的人；这种战斗是神圣的，是让你接近神的；你的生活是否平安幸福，取决于你是否打了胜仗。常常记起以下两种时刻吧：一个是你败给恶念、耽溺于肉欲的时候；另外一个是满足肉欲之后立刻感到后悔并责备自己的时候。你最好能想想因自制所经验到的满足，而且你必须记得，一旦有一次犯错，自制就会变得非常困难。假如你一边对自己的邪念让步，一边相信明天一定能克服它，那么明天你一定会重蹈覆辙，不久你甚至不再承认自己的软弱与疾病是由于自己的错误，即使承认了，也会为自己准备一套辩词，让自己继续堕落。

——艾皮科蒂塔斯

假如你能对某人行善事或表示爱意，你必须在此刻就去做，因为机会一旦错过，便永不复回。

——佚名

只有在懂得好好利用所有的瞬间时，我们才能相信自己的永恒性。

在我们所有的瞬间都能以自己崇高的精神来对待的时候，连最细微的义务都会变得价值连城。

——马蒂诺

※

悔悟都是有益的，因为那是在悲叹未能配合“当时”的力量行事，是在追忆“当时”应该如何行动才好。

# 10月19日

## 人生的意义

假如一个人已经准备好随时接受一切能对自己有所启示的事物，则对他来说人生的意义变得非常明白。但假如一个人心中决定保持对自己方便的已经成为习惯的生活，认为不该对此加以破坏，那么对他而言，人生的意义便永远模糊不清。

“我是什么？我该做什么？我能相信什么，希望什么？”（哲学家李希登堡认为这些就是哲学上的诸问题。）而在这些问题中，最重要的是“我该做什么？”假如一个人能知道自己该做什么，其他有必要了解的一切问题也都能迎刃而解了。

——佚名

一个人能找到自己该做的事是幸福的；不要让这样的人去追求其他幸福；他有他自己该做的事，他有人生目的。

——卡莱尔

如何防止衣服长蛀虫、铁生锈、马铃薯腐烂？我的看法可能会不断改变，但关于如何防止灵魂腐败，我所凭借的就不是外在知识了，我只需按照自己所领悟的来做就是。

——梭罗

不知事情原委、只是茫然观望的人，或是不知自己站立何处、只是茫然站着的人，是可悲的。

——《犹太法典》

不了解人生的意义是可悲的，但有相当多的人相信，人生的意义并不可能了解，甚至有人认为不去探究人生的意义才是明智的。

假设有个人被送到监狱，不知道自己会被如何处置，为了知道这件事，他只剩下一个小时的时间。或者假如他已经知道自己被判了死刑，那么为了上诉请求重审，这一小时会变得非常有价值。在这种情况下，他还能不好好利用这一小时，而把它用来打牌吗？当然这是无法想象的，但许多未将“神”与“永恒”放在心上的人，正好就做了这种不合理的事。

——巴斯噶

所有的鸟都知道在哪里造自己的窝；鸟知道在哪里造窝就表示它们知道自己的使命。鸟类都知道自己使命之所在，难道作为万物之灵的人类竟不知道？

——中国金言

※

了解人生的意义（即自己该做什么）并不难，这是智商一般的人或小孩子都能明白的。

# 10月 20日

## 人生是一种奉献

一个人领悟到人生就是要去尽义务、牺牲、奉献，他才算真正拥有了深刻的智慧。

有一件不容置疑的事：死亡就在未来的某一点等待着我们。“人生就像飞过屋檐的燕子”，我们不知从哪里来，也不知将往何处去；在我们之前、之后都是一片黑暗。当最后时刻来临时，这一生是否有好食物吃，是否有好衣服穿，是否留下了大量财富，被戴上荣誉的桂冠还是不断受辱，是学者还是不学无术的人——这一切对我们又有什么意义呢？重要的是自省这一生我们把神所赐予的智慧如何运用了。

——亨利·乔治

如果一个人在最细微的事情上面都能看到神的光辉，他便是具有崇高理想与深刻理解力的人；这样的人尊重自己也尊重别人，无论多小的事情也不加以轻视，他把一切都看成神的意志之表现。

——波斯金言

道德是义务的一种奉献行为。即使没有统御世界的天或神，道德仍然是人不能不遵守的法则。了解正义，并去实行正义，人的尊严便在于此。

——《罗摩衍那》（印度古代叙事诗）

把你的一切才能与知识都当作帮助别人的必要条件吧。

有能力的人、有智慧的人，他们被赐予的能力和智慧是要用来指导和帮助软弱的人，而不是要用来压迫软弱的人。

——罗斯金

当你和别人交往时，不要去考虑别人会对你有什么好处，反而应该考虑你对别人有什么帮助。

——佚名

我们生来便具有关于我们一切行为的原则，那是任何权力都无法加以制止和破坏的；即使在监狱、在拷问或残杀的威胁下，我们仍然可以奉行此原则。

——佚名

在这个属于神的世界，人生的意义显然不在于个人的满足，而在于牺牲与奉献；在肉体的、利己的意义上，等着我们的是失败与死亡。关于这个事实，我们的眼睛可以看到它，理性可以说明它，整个自然能证明它。这就是神的世界之生活原则。已经有了这一层了解的人，随着真理的逐渐明朗化，他不再想为自己肉体生活的幸福而与人争斗；他会认为肉体生活的幸福是暂时性的，那完全像个残酷的主人。

——佚名

※

我们必须亲自去探求善的生活，也就是说，我们应该去完成我们该有的奉献。

# 10月 21日

## 谈心灵的平安

如同暴风雨破坏水的平静与澄明，情欲、不安、恐惧、烦忧将妨碍人认识自己的本性。

内心宽宏美丽的人，经常是平安而知足的；心地狭小的人则总是不满足且悲哀。

——谚语

人只有在从事与“真正的自我”无关的外在的活动时，才会陷于痛苦、不安与焦虑，这时候，他会一边苦恼一边自问：“我到底该如何是好？事情究竟会怎样呢？会发生什么样的事？那种事不要发生才好！”不断地为外在事物烦忧的人皆是如此。

相反的，假如一个人从事与“真正的自我”相关的活动，认为人生就是自我完成的历程，他就不会体验到这样的苦恼。

万一他因质疑自己是否能完好维持真理、排除虚伪而感到不安，那么我会告诉他："放心吧！你所感到不安的事取决于你怎么对待它；你只需要好好注意自己的思想与行为，随时努力将其导向正途；不用问事情将如何，无论发生什么事，它都有助于你的成长！"

"可是，假如我就在奋战中不幸身亡了呢？"

"你说那将如何，是吗？这时候你将以一个尽本分的可敬身份而死；死是无可避免的事，你应该泰然处之；当你完成你该做的事的时候，就可以从容地面对死亡。假如我能为有益于人类的事而死，我就很满意了；当我在努力改善自己的时候遭遇死亡，我也该满足。这时候我会把双手举向神，并对神说：'神啊，你为了让我了解你的法则而赐给我的一切东西，我行使发挥到何种程度，你一定很清楚的。我曾经对你表示不满吗？我曾经为发生在自己身上的事烦心过吗？我曾经疏于尽自己的义务吗？我为自己的诞生、为你赐给我的一切而感谢你。你赐给我的东西我都充分利用了，那么请把这一切都收回去吧，请便，因为这一切本来就属于你啊！'"

有比这样更好的死吗？这样的死，你一定会有许多收获，绝不可能有所丧失。但假如你想拥有本不该属于自己的东西，那么你一定会丧失一切，包括你自己。

一个人若想争名夺利，想获得世俗的成功，他会夜夜睡不好觉，他一定会不断地烦恼忧虑，向权势低头，表现卑鄙的行为。终究他所能得到的是什么呢？他得到的是一批听任自己指使的奴隶，是作为一个控制别人的统治者。但你不觉得应该努力让自己解除这些烦恼，以便睡得安稳吗？你应该晓得，这种内心的平安并非轻易可得的。

——艾皮科蒂塔斯

把自己的生活融于理性之光的人，世界对他们而言就没有所谓绝望的境遇；他们不知道何谓良心的痛苦，他们不怕孤独，不追求喧嚣的社会；这样的人是拥有高贵生活的人；他们不回避他人，也不追随人；他们无须为自己的灵魂还要穿多久肉体的外衣而烦恼；即使在死亡逼近眼前的刹那，他们的行为亦始终如一，让他们感到不安的只有自己是否与别人和谐相处，是否过着理性的生活之类的问题。

——奥勒留

人的真正的力量并不是存在于激情之中，而是存在于牢不可破的平安之中。

——佚名

※

始终保持平顺是不可能的，也无此必要；但安宁来临的时候，必须尊重它，并努力让它持续。这时候才会有指导生活的美好思想产生。

# 10月 22日

## 爱自己是傲慢的开端

私心是傲慢的开端；傲慢是私心的表露。

不厌其烦地抱着私心，不厌其烦地要把自己放在比任何人都崇高的位置上——这样的人是完全盲目的，而且没有比这样的人更违背正义和真理的人了。

——巴斯噶

人有两种类型：一种是为人正直却自认有罪的人，一种是有罪在身却自认清白的人。

——巴斯噶

人与人比较之下的较伟大者，仅仅是表面上伟大，而且并不是人自己可以决定的。但任何人都可以决定自己对自己的评价；一个成熟的人绝不会夸大对自己的评价。

——佚名

物体越扩大，其味道就越淡；人的自夸也有同样的情形。

——佚名

许多人都具有如下缺点：自己本来还有很长一段时间当学生的必要，却早已急着想为人师表。

——东方金言

劣质车轮总是“嘎嘎”作响；长坏的穗子是不会低垂的。

——佚名

要人互相谦让是很难的。我们即使做不到互相谦让，至少也应该憎恨自己的傲慢，并努力消除这个可怕的“恶”。

——佚名

※

人生最重要的事情是自我完成。但如果一个人老是在别人面前夸耀自己，并认为自己高人一等，自我完成又如何实现呢？

# 10月 23日

## 良心的命令

良心是存在于我们内在灵性根源的自觉。

“良心？那是哄小孩的玩意儿，是教育的偏见！”这是我所听到的假圣贤的声音。“人的脑子里，除了由经验得来的东西之外，别无所有。”他们这么说。

不仅如此，他们甚至不肯承认明明白白的普遍性的全民和谐，不同意大家对善恶的一致判断。他们还找出了只有他们自己才懂的例子：他们找到旅行家的手记以证明黑人国家的邪道就是违反了人的本性，还找出其他例子以证明所谓人的本性是没有什么意义的。他们说：“一个人为社会的幸福尽力，其实也不过是为的自己的利益。”但为什么有些人明明知道对自己毫无利益却甘心为社会的幸福尽全力呢？如果一切只是为了自己的利益，为什么有人甚至愿意选择牺牲一己性命呢？

我们确实可以说，每个人是为自己的幸福而行动的，但这指的是道德的、精神的幸福。只有邪恶的人才只为自己的利益而行动。认为对任何道德性行为都只能以卑鄙的动机来说明的哲学是多么可怕的东西！

良心！是的，只有良心才是对善与恶的可靠裁判者，只有良心让人接近神，只有良心能形成人的至高本性。除了良心，没有任何东西能让人的地位高于动物；若无良心，人便失去判断的指引，失去理性的基础，人所拥有的便只是从一个错误彷徨到另一个错误的可悲状态。

——卢梭

不要做违背良心的事，不要说违背真理的话——把这当作最重要的事来遵守，这样你便能解决人生诸多问题。

没有任何人能以暴力压制你的意志，没有任何强盗或暴徒能盗取你的意志。别希求理性所不允许的事或个人幸福，祈求所有人都幸福吧！

人生的任务并不在于袒护大多数的人，而是在于过与自己内心所意识到的原则和谐一致的生活。

——奥勒留

耳朵听到的千万种声音只会让你脱离正道，只有发自内心的良心的微弱声音才是可信赖的向导。

——露西·马洛丽

所有的人都难免犯罪。但犯罪之后，良心自我苛责的程度却因人而异。

——阿尔费里

※

我们无法反抗良心的命令——那是神的命令。它的命令一下，我们必须即刻服从。

# 10月 24日

## 与别人共患难

假如我们人类的生活不是出自同一根源，那么我们所体验到的对别人的同情就无法说明了。

即使是正当的愤怒，如果你能考虑到“其实对方也是个不幸的人啊！”那么你会立刻心平气和下来！没有比这样更容易息怒的了，因为同情之能息怒就如同雨之能熄火。假如有人对别人燃起了怒火，并想让对方吃苦头，那么他可以如此想象：我已经报复过了，我看到现在对方正经受着精神与肉体上的痛苦，或在穷困潦倒中烦恼，这时候他就可以说：“这都是我一手造成的。”其他方法姑且不论，至少这也是让人息怒的一个方法。

——叔本华

人必须遵循的正道，必须遵守的行为法则，并不在远离人的地方；假如我们把远离我们并且与我们的本性不合的东西作为行为法则，那就错了。木工削斧头把子的时候，是有他参考的样式的；他手上拿着现在所使用的斧头把子，从各种角度细细观察，而当新把子做成之后，为比较两者相同的程度，还得把两者并列观察。同样的，圣贤是由细察“待人是否如待己”来发现行为准则的；“己所不欲勿施于人”便是他们的原则。

——佚名

当你斥责别人、对别人怀有敌意的时候，你是把“四海之内皆兄弟”这件事给忘了；你不与人为友，而与人为敌，你将由这种行为毒害你自己，因为神本来是把你造成友善的人，你却宁可让自己成为残忍的野兽——这时候你便失去自己最高贵的本性。

——艾皮科蒂塔斯

比你不幸的人还有很多。

这种想法虽然比不上让我们可以安居其下的屋顶那么有用，但用来避避骤雨是足够的了。

——李希登堡

※

只有设身处地去实际体会别人的痛苦，我们才算真正与别人共患难。

# 10月25日

## 认识自己以及他人的价值

人是借着对自己使命的认识而认识自己的价值与尊严的，但只有具备宗教意识的人才有可能认识自己的使命。

帝王问圣人：“你有没有想过关于我的事？”圣人回答：“想是想过，但那是在我遗忘神的时候。”

——萨迪

当我们感到邻人的生活与我们本身的生活并没有什么两样的时候，也就是我们认识神的时候。

——马志尼

总有一天人会了解自己的真正价值。难道我们不是合法降生的吗？我们必须躲躲藏藏、胆怯地左顾右盼吗？不，不，绝对无此需要。让我们抬头挺胸吧，我们并不是生来就要给别人看热闹的。我们被赐予生命，为的就是要实实在在来过这一辈子；无论站在哪个十字路口，我们都要晓得自己有讲真话的义务；我们该在乎的，不是别人对我们的意见，而是自己的使命。

——爱默生

从一个人对愚昧者所表现的态度上，最能看出他的特性。

——爱弥尔

假如我们以某人是恶棍、愚夫或不义之徒为理由而抛弃尊重他的义务，最后我们便会陷入对所有人不敬的傲慢之谷，而且越陷越深，没有止境。

——佚名

※

人只有认识自己的精神层面，才有可能认识自己以及别人的价值和尊严；只有这样的人，无论是任何行为、任何境遇都不致把自己和邻人置于毫无价值的卑贱地位。

# 10月 26日

## 对人生的疑惑

在决定人生的意义上，如果对着神发问："你为什么把我送到这个世界来？"那么这将是一个非常难解的问题。但如果只问自己："我该做什么？"那就会变成一个非常简单的问题。

有人说："人生是一步步走向死亡的充满苦恼的过程。"为了不使人生成为更无价值的嘲笑对象，我们应该有如下的想法：人生的意义并不靠时间的长短来决定。

——佚名

旅客自己把旅舍房间弄脏了，他却为此责备服务周到的旅舍主人。同样的，很多人也为了世上的恶而责备神。

——佚名

贤者对于超乎人的以及低于人的存在物之特性都不会考虑太多。如果有人认为自己可以到达前者的境界，则未免太不谦逊了；如果有人认为自己的本性只与后者相当，又未免太卑贱了。我们所要知道的是：我们对伟大的或微小的东西都具有永恒的相对关系；我们在自然界里有我们自己的位置；我们虽不具有成为神的力量，却应该为能跟从神而满足；人无须模仿动物的情欲，对卑微的存在物应以善和爱来引导——这些事指的就是对神的谦逊，对万物的慈悲，以及对自己的明智。

——罗斯金

不了解自己生命的意义而还能继续活下去的人，只有一个方法：那就是不断地生活在肉体的炫惑之中，生活在烟草、酒或吗啡的麻醉之中，沉溺于各种各样的情念或享乐之中。

——佚名

心灵的成熟才是人生真正的目的，因为其他一切目的一旦面临死亡就失去意义。

——佚名

看看美丽的落日吧，光透过云层的缝隙形成了怎样的景观！而那边是火红的太阳！不久这一切都将躲到森林的背后去。这不是充满欢喜的时刻吗？

是的，这世界绝不只是个笑话，不只是个考验之谷，也不只是向更好的永恒世界移动。这世界本身就是一个永恒的世界，而且是个美丽欢喜的世界。我应该为跟我一同住在世上的人让世界更加美化起来，也使它成为更让人喜悦的地方。

——佚名

※

当你思考人生意义的时候，不要把你自己的困惑和不解认为是一种高贵的或悲剧性的东西。徒然对人生的意义感到困惑的人，就和走进一群阅读好书的人中间感到困惑的人一样，搞不清其他人所谈的东西。于是在他们中间空自发闷。这种困惑绝不会带给人任何高贵的或悲剧性的感觉，带给人的只是滑稽、愚蠢和可怜的感觉。

# 10月27日

## 真正的宗教不违背理性

真正的宗教虽不是理性的宗教，可是真正的宗教却不能违背理性。

我们必须信赖自己的理性——这是非常明显且不容置疑的事。对理性能力的信赖是其他一切信仰的基础；假如我们缺少借以认识神的能力，也就无法认识神。理性是接受启示的唯一能力；只有借助理性，启示才能被接受。当我们以这个最好的能力做精密而公平的审查后，发现有些教义与我们所确信的重要原则矛盾或不一致的时候，我们就不能不阻止自己信仰它。我们若要相信某些书籍是神的意志之表现，毋宁相信我们的理性才是直接与神相通的。

——柴宁

尽管作为我们信仰之对象的神存在于比理性高一层的地方，尽管我们并不能由理性看出神的全貌，我们也不能因此就认定理性是有害的东西进而蔑视它。

尽管信仰的对象在我们的理性能力之外，并且超越理性，我们也绝不能缺少理性。理性在它与信仰对象的关系上具有非常重要的意义；理性扮演着检阅官的角色，在信仰的领域，它只允许超越它的亦即属于形而上学的真理存在，否定一切违背它的似是而非的真理。

除此之外，理性还有其消极作用，即让人脱离罪恶的或虚伪的信仰。

——斯特拉霍夫

若有人确切相信过去某一时期有一种超乎人类的存在物，对着人类说过全世界以及全人类的存在与目的，那么他是个小孩子般天真的人。这世界本来除了圣贤思想之外，并没有其他任何“启示”——虽然那些思想被多数人错误追随，而且往往以“不教”之名让它披上可怕的象征或神话的外衣。有人认为信赖自己的思想和信赖别人的思想是完全一样的，因为作为“启示”传达给我们的任何思想也不外是人的思想。一般人且具有这样一种倾向：信赖别人的思想（尤其被认为似乎具有超人般的思想泉源者）更甚于相信自己的思想。若从人类智力不等上面来考虑，恐怕也会有人认为甲的思想对乙而言就是一种超乎自然的启示了。

——叔本华

光始终是光，即使盲人看不到它。

——佚名

你们应当趁着有光，信从这光，使你们成为光明之子。

——《约翰福音》12：36

※

为了认识真正的宗教，无论假宗教家怎么说，我们都不能让自己的理性窒息，我们必须拿理性来检讨一切。

# 10月 28日

## 不幸是人生的试金石

感觉病痛是我们保全肉体的必要条件，同样的，苦恼是我们保全精神的必要条件。

空气的压力一旦除去，我们的肉体便会遭受破坏；同样的，人的生活如果除去贫乏、劳苦或其他痛苦命运的压力，人便会扩大其自负，虽未必到毁身的地步，但却会陷于愚昧、狂乱的状态。

——叔本华

医生对甲病人开一种处方，对乙病人开另一种处方；同样的，神也给我们各种处方，如疾病、过失、可悲的损失等。

如同医生的处方是用来恢复病人的健康，神给人上述那些机会是为了让人恢复道德上的健康，让互相疏离的个体重新与人类的共同生活相结合。

给你的担子，你就如同病人接受医生的处方那样接受吧，恢复肉体的健康是那些苦药的意义；对病人而言，重要的是恢复肉体的健康，同样的，对于具有普遍性和合理性的自然而言，重要的是每个存在体完成自己的使命。

因此，对于任何发生在你身上的事，你都必须欣然接受，因为所有机会给你的意义是在于建立健康而有价值的世界。自然本身所表现的是合理的作用，由自然发生的一切事物终究是在求得所有存在体的大融合。

——奥勒留

苦恼能唤醒一个人；只有在苦恼中我们才能切实感觉到自己的生命。

——康德

只有在暴风雨中才能充分发现航海的微妙滋味；只有在战场上才能经验到军人的勇猛；只有在陷于困境和危境的时候，一个人才能认识到自己的勇气。

——丹尼尔

假如神把传达神之讯息的使者赐给我们，我们都会欣然跟从他吧。

我们的确拥有这样的使者啊，那就是“欠缺”，还有就是人生所有不幸的机会。

——巴斯噶

人的真正幸福其实就在于尝受生活的种种不幸。因为一个人即使遭遇到像被放逐之类的命运，以致不再相信任何世俗的欢乐，这种遭遇却更能将他的心灵引入神圣的孤独领域。另外，当一个人意念纯洁、行为正当，却仍遭到别人的恶评，反对与责备之声四起的时候，也是他真正幸福的时候；因为这将使他更懂得谦让，并成为虚荣的解毒剂；而尤其主要的原因是：当我们为世人所轻视，不再为人所尊敬，爱也离我们远去的时候，我们才能确确实实同存在于我们心中的神沟通。

无论遭遇怎样的不幸，别人的安慰终究是有限的，只有自己内在的神才是我们可以完全信赖的。

——凯姆比斯基

德性与心灵的力量就在不幸、苦恼与疾病中逐渐巩固，并走向完善的境界。因此，加在我们身上的一切考验，我们都不用畏惧，必须忍耐；所有的考验将让我们一步步接近神。

——佚名

无论是“幸福”或是“不幸”，当我们把它看成是一种试炼的时候，它对我们同样都是有益的。

——佚名

不要习惯于繁荣，那很快就会消逝；富有的人必须懂得什么是丧失，幸福的人必须懂得什么是痛苦。

——席勒

有些人把自己的生活与世界的生活隔开，看不到自己为世界带来苦恼的罪过，只认为自己是无罪的人，他们甚至不甘心自己为什么要为世界的罪过承担痛苦——这样的人确实是够烦乱的。

——佚名

※

据传说，永远不死的生活是加诸于“永恒的犹太人”之刑罚；我们也可以说：没有苦恼的生活是加诸于人的刑罚。

# 10月29日

## 扑灭邪恶的教唆

对于已经代替过去的错误并且已经进入人们意识的真理而言，虽然过去的错误已经很明显，毫无疑问应该由它来取代，但由于人的惰性，人们仍会有一段时期继续受到错误的支配。在这样的时期，解释真理是没有用的，重要的是过实际与真理一致的生活。

我常常觉得惊奇，为什么王侯贵人都是那么轻易相信自己的拥有；而民众又是那么轻易相信自己的不足之处。

——蒙田

没有比“实例”更具传染性的了；实例将迫使我们做本来绝不可能做的事。因此，与邪恶的、淫荡的、残忍的人交往，将葬送我们的灵魂。

——佚名

当你想模仿周围一些人的行为时，最好停下来想一想：跟从世上的实例究竟正确与否？个人以及社会的重大罪恶或不幸，都是由于不假思索地听从了外在的教唆而铸成的。

——佚名

为不用担心的事担心，真正可怕的事反而不害怕的人，相信的是虚伪的看法，他们所走的是毁灭之路、邪恶之路。

——佛陀

作为社会一分子的我们，最困难的义务是：利用社会的福祉，却不屈服在它的重压之下；接受别人的思想或信念，却随时准备运用自己神圣的判断；与别人一起行动，却听从自己良心的声音；尊重别人的意见，却有自己的原则。

——佚名

※

邪恶的教唆只能借灌输善来扑灭，而善良的生活本身就是灌输善的最有力的方法。

# 10月30日

## 谈私心

超过一定限度的自私，就会成为精神疾病，最严重者可名之为夸大妄想狂。

一般人认为，自我否定（献身舍己）将破坏自由；他们并不了解只有自我否定才能让欲念的奴隶状态脱身，给我们真正的自由。我们的情念是个最残酷的暴君，当你让步于他之后，你会连自由呼吸的力量都丧失，陷于凄惨的奴隶状态；事实上，只有自我否定才能让我们从这种状态中走出来。

——费内隆

私心是灵魂的监狱，它的剥夺我们的幸福，和监禁的剥夺我们生理上的自由是完全一样的。

——露西·马洛丽

私心只有在保全自己的肉体生活上是必要的，因此在这个范围内的私心还算自然而且正当。破除自我束缚本来就是理性的使命，如果理性做不到这一层，私心就会变成有害而且令人痛苦的东西。

——佚名

完全否定自己是属于神的生活，私心牢不可破的人过的则是低于动物的生活。我们的正确生活应该是从动物生活慢慢走近神的生活。

——佚名

无私与公平是和正义一样少见的；渴望了解真理的人实在太少了，一般人对真理都心怀恐惧，他们认为真理并不能为他们带来世俗利益，只有利益才构成处世哲学的基础；他们认为，真理虽为他们而存在，他们却不为真理而存在。这是多么卑贱的想法！大部分人都不想承认真理，于是对私心的偏见便为“一切从利己主义产生的邪念”辩护。人人所希求的只是更多的享乐。为了正义、道德、宗教的成长，人类必须付出崇高的努力；自我牺牲对伟大的精神而言是一种喜悦。但这并不被我们的社会所承认。

——爱弥尔

利己主义必须以慈爱来克服，而且必须为此不辞劳苦。

——佚名

绝不可能有所谓享乐派、自我满足派的艺术家或思想家存在；在完成使命上，唯一重要的是自我牺牲，也就是舍己为人；没有痛苦也就没有任何精神上的果实。

一个人教人世界上有多少原子，研究太阳的黑子，写小说或歌剧，即使从未经历过痛苦，只为个人目的也可以做到。但若要教人“幸福乃在于舍己为人”，而且想对此说法表现得有力，则自己必须先是个能自我牺牲的人。

基督并不是徒然死于十字架上的；苦难的牺牲战胜一切难道没有原因吗？

——佚名

※

从私心走出来无论如何是非常重要的，但这做起来却极其困难，因为私心乃是生活上不可避免的一种状态，也就是说，那是任何人在幼年时代都具备的，是自然产生的，但也应该随着理性的成长而逐渐减弱，以致消失；换句话说，关于私心，儿童并不懂得良心上的苛责，但随着理性的成长，私心便逐渐消失，到临死的时候则应该完全消失。

# 10月 31日

## 抛弃陈腐的思想

固执地保存古老的、陈腐的传统，是普及真理的极大阻碍。

最重要的真理往往失去其成为真理的力量，而与最愚昧的错误一起沉睡在灵魂的角落里，我们就在那儿发现它了。

——柯尔雷基

在我们容易听信别人的倾向中，有善的也有恶的；这种倾向虽能促使社会进步，但也能使进步变得缓慢且困难。每个时代都由于这种倾向，而把前人千辛万苦得来的知识轻轻松松地像继承遗产一般接受。但也由于这种倾向而不自觉地当了前人的种种迷妄与错误的奴隶。

——亨利·乔治

当我们翻开历史，便可以看到下面一些事实：一般人都把愚蠢的事当成真理看待，人民成为迷信的牺牲品，膜拜于如同死物的偶像之前，或自己任意幻想跪于诸神之代表的邪神之前。我们还能发现，大部分人都在不自由中受苦，而榨取他们劳力的人则过的是奢侈的生活，苦难中的人却有因饥饿而死的。这些错误的事实往往是由强烈的私欲以及拒绝回答儿童天真的发问的狡猾心理所造成的。

——亨利·乔治

在信仰的一切欺骗中，最残酷的是对儿童灌输虚假信仰。当儿童向比自己先来到世上的了解古圣贤之教诲的长者问及自己对世界和生活的疑难时，长者并没有把自己所想、所知的告诉他们，而是拿数千年前的人所想的、现在任何人都已经不再相信也不能相信的事来回答他们。这不是非常残酷的欺骗吗？

——佚名

※

由于过分尊重传统，也由于尊重目前已经失去意义的种种制度、习惯或法律所酿成的危害，不知比不尊重传统所造成的危害严重多少倍。

# 11
# 月

# November

# 11月 1日

## 谈谦虚

若一个人认为自己就是生活的主人，好运应该永远属于他，那么他绝不可能是谦虚的；若一个人能听从内心深处神的指引，把做奉献、尽义务当作自己的使命，那么他一定是个谦虚的人。

真正善良的人之谦虚可以从他们对事物的热心（忘我）状态看出来；他们只问耕耘不问收获。

——中国谚语

踮起脚尖的人是站不久的；跨大步的人是走不远的；自我表现的人反而不太突出；自以为是的人反而不昭彰；自我炫耀的人反而不见其功；自夸的人反而易破碎。在理性的裁判面前，这些人不过是些剩饭赘瘤，令人厌恶。因此，具有理性的人是绝不会过分信赖自己的。

（原文：企者不立，跨者不行，自见者不明，自是者不彰。自伐者无功，自矜者不长。其在道也，曰余食赘行。物或恶之，故有道者不处也。）

——老子

一个人越是沉潜到自己内心世界，越能感觉得到自己的微不足道，他就越能提升自己，慢慢接近神。

——婆罗门教金言

※

请记住：你并不具备对于任何东西的权利，你是隶属于赐给你生命的那个根源的，你被允许的只是遵从原则尽你的义务。

# 11月 2日

## 名声与行为

只为世俗名气而表现的行为，无论其结果如何，通常都是属于恶的；欲求善与欲求世俗名气并重的行为与上述行为是大同小异的。而所谓善的行为则必须是以实践神的意志为主要动机。

按照自己的意思来行动的人似乎是“自由的存在物”，其实是把自己献给恶魔的人。在道德的世界一定找不到无主人的土地，暧昧未定的土地则是属于恶魔的。

——爱弥尔

当你明白一般人的评价与兴趣是从何种泉源流出来，你就不再希求别人的赞美了。

——奥勒留

如果太在乎世人的赞美，你对任何事情便很难拿定主意。世人的评价种类无限，你可能会说："我是在希求善良的人来赞赏。"但你所谓的善良的人，不正是指同意你行为而赞赏你的人吗？

——佚名

我们都未能满足于自己真正的内在生活。我们受到别人看法的暗示，却想过另外一种想象中的生活；我们为此而尽量隐藏自己的真实状态，费尽苦心美化想象中的"存在"，轻视现实的"存在"。假如自己拥有平安、信念与宽容，便急着公诸于世，并将它们归到想象中的"存在"。

为了把这些德性给予想象中的"存在"，我们甚至从真正的自我把这些德性剥夺了。看来，我们只不过是想博得勇敢这个美名的懦夫。

——巴斯噶

※

让别人的赞赏成为你行为的结果，绝不要让它成为目的。

只要你明白自己是为了"神"或"道"而活着，即使不为别人所知晓，你依然是幸福的。试试看吧，当你那样做的时候，你会体验到难言的喜悦。

# 11月3日

## 人为的法则

不变的法则只有一个，那就是神的法则。人所制定的法则必须与神的法则一致才能保持下去，暴力绝对无法维系它。

耶稣说："我的教训不是我自己的，而是那差我来的神的。人若立志遵循神的旨意，就必须晓得这教训是来自神，或是我凭着自己说的。"

——《约翰福音》7：16～17

义务的低语若不是神的声音，又是什么呢？

是你自己想象中的声音吗？或者是你与自己对话的时候从你的意志中发出的命令吗？

或者那不过是对多数人的想法之反应吗？是对舆论的要求之服从吗？

绝不是如此。假如那是我们自己想出来的法则，我们可以照自己的意思去破坏它，把它废弃。但我们却感觉到这个法则的力量远在我们的力量所不及之处，我们一点都不能忽视它。

我们也无法把它当作舆论的影响，因为这个声音往往把我们推向到舆论之上，而给予我们与不义之人抗衡的力量，也给予我们为了善甘愿不计成败战斗到底的力量。要相信善的意识并非神的意识，并不比相信正义来自于我的眼睛或来自舆论更容易。

如同触觉教给我们存在于肉体之外的东西，良心教给我们存在于个人情感之外的东西，同样的，正义、善或真理都不是从我们个体产生的，那是神把它们放到我们内心里来的。

——马蒂诺

建立法则是神的事。接受法则的人所要做的是沉潜于法则之中，并且正确地把它运用在生活中。

——罗斯金

为实现神的法则，今日所面临的最大困难在于人类现存的法则与之对立。

——佚名

只靠理论上的了解是无法解决社会问题的，必须具备宗教情怀，对人类的苦难心怀同情，也必须超越个人或团体的单独利益问题。

为解决社会问题，我们必须先追求正义，因为在所有社会问题的根源，我们总能发现某种共同的不义。

——亨利·乔治

关于统治权的建立，本质上在于证明下面一个事实：人在社会生活中，因失去自己内在的力量，不得不走向外在的权力。人一旦失去与心灵最可靠指导者的沟通，就必然要依赖外在的法则，然而外在的法则却经常是错误的。假如每个人与邻人之间都像有机体那样密切结合在一起，外在的法则就无扩大的可能。但只要这种结合的意识薄弱，就需要人为的手段来维持，也就是说，便会产生一种统治形式；这种统治形式并不采纳民众的正当意见，而只意在表现统治阶级外在的强制权。

——卡本特

※

神的法则与人为的法则是矛盾的。那么应该如何才好呢？隐藏神的法则，高唱人为的法则吗？一千九百年就是这样过来的。尽管如此，神的法则却逐渐明朗化，人内在的矛盾越来越大，痛苦越来越深。剩下的事便只有一件，就是以神的法则来代替人为的法则。

# 11月 4日

## 不要与别人争论

争论通常并不是在阐明真理，而是越争越不清楚。

真理必须在孤独中成长；当真理成熟时，它本身显得那么明朗，无须争论也能被人接受。

知道自己正确而能沉默到底的人，他的力量是多么的强大。

——康德

不要跟人争论！——虽然这是非常困难的事。意见像钉子，越用力敲越陷得深。

还不十分确定的事不要急着下断言。不要轻信道听途说的话，不要因某人有某种缺点便轻视他。

——圣贤思想

有人让你伤心或有人伤害你的时候，先不要急着抗辩，若非辩明不可，也要让自己先镇定下来。

如果无法立刻息怒，那么先闭上嘴巴。只要你沉默下来，很快就会恢复平静。

——巴克斯特

言语是心灵的钥匙。无意义的谈话，一句都嫌多。独处的时候，检讨自己的罪过；与人相处的时候，忘掉别人的罪过。

——中国俗谚

若某人患有痼疾，你对他发脾气是正当的吗？当某人的处境让你厌烦，你能说那是他本身的罪过吗？对于道德上的疾病，我们也要采取同样的态度。你可以凭理性引导邻人认识他们的缺点，并进一步去敲醒他们的良心，以理性代替愤怒、焦虑、傲慢，来医治人的盲目。

——奥勒留

※

一个人越想多言，越有发出恶言恶语的危险。

# 11月 5日

## 思想在于认清真理

思想是在弄清真理，因此恶的思想就是尚未想透的思想。

事情尚未萌芽的时候，就要先留意处理，未乱事之前要先建立秩序。

合抱的大树是从小苗长起来的，九层高台是由一堆堆泥土筑成的，千里路是一步步走出来的。

（原文：为之于未有，治之于未乱。合抱之木，生于毫末；九层之台，起于累土；千里之行，始于足下。）

——老子

我必须一早就提醒自己："我有立刻跟傲慢的、不亲切的、无耻的、伪善的、烦人的、坏脾气的人引起冲突的可能性。因为凡是不能分辨善恶的人，都会陷于这种罪恶。"但假如我确实知道善恶之所在，而且了解与我有关的恶其实只有我自己的恶行，那么任何毁谤都不会伤害到我了，因为没有任何人能让我违背自己的意志，强迫我去为恶。况且假如我了解所有人都是我的邻人，他们与我的亲近并非因血肉关系，而是因精神关系（精神指的就是神所赐予我们各自内心形成超乎肉体的那个本质），我就无法对任何邻人表示愤怒或不亲切。因为我们生来就是要彼此结合在一起，必须如手足般为一个共同目的互助、合作地结合在一起。因此，如果我们抛弃曾经伤害我们的邻人，其实是违反了我们真正的本性。以受到毁谤为理由而憎恨别人，也是犯了违背自己本性的罪。

——奥勒留

你是否正在追求永恒的真理？假如想达到这个目的，你必须具备自己的思想，让你的灵魂之眼对着使你从情念获得自由的唯一纯净之光。

——婆罗门教箴言

为了让烛火静静燃烧，必须把烛台放在风吹不到的地方；烛火受风吹，火苗便摇摆不定，投下怪诞的黑影。同样的，恶念也会在灵魂洁净的表面投下这种黑影。

——婆罗门教箴言

为世事所困扰，处于种种诱惑中的人，是无暇寻求对抗欲望的方法的。

首先我们必须独自在没有诱惑的心灵角落定下原则，决定自己的目的。唯有如此，以后碰到诱惑，我们才有对抗它的力量。

——佚名

深思熟虑是走向不灭的通道，轻率则是一条死路；深思熟虑者绝无死灭，轻率者与死无异。

唤醒自己吧！当你能好好看待自己，能透视到自己最深处时，你便能从沉睡中跃起，获得新生。

——佛陀

※

恶念一旦出现在脑中，便很难驱散，但要了解那是一种恶念我们却可以做到，要削弱它或消除它我们也可以做到。例如当我们想到邻人的缺点时，这个念头便很难驱散，但只要我们了解这是一种恶念，我们就能唤起另一种想法：责备人是坏事，但当我想到我自己也不是完美的人，别人与我皆出自同一根源，我是不能不爱邻人的。恶念便因此而消除。

# 11月6日

## 无须谴责别人

谴责别人是愚蠢的行为，在任何情况下皆无必要，它对自己和对别人皆有害。

在晚宴即将结束的时候，有个客人先告别离去，等他一走，其他人便开始批评他，说了许多他的坏话。对接着走的人亦复如是。就这样，客人陆陆续续地走了，最后只剩下一个人，于是这个人说道："对不起，是不是可以留我住一夜？刚才听了那许多对离去者的坏话，我不禁担心自己也同样会遭受批评。"

——佚名

有这样一条谚语："讲死者的好话吧，否则什么都不要说。"我认为应该反过来说："不要说活人的坏话，因为那将带给他们痛苦，将破坏活人与活人间的关系。而一般人习惯于对死者说些体面、虚伪的话，其实对他们讲真话也没有任何妨碍。”

——佚名

严格对己，谦虚待人，这样你就不会有敌人。

——中国金言

下面这种情况的责难是特别恶劣的：对某人的缺点若当面责备很可能对他有益，但我们却在真正需要责备的人背后去向另一个人诉说，这只能唤起某人的恶劣情感。

——佚名

我见过老人刻意在他所讲的话与话之间隔两三分钟，这是他们唯恐说错话的缘故。

我们所有人都是有缺点的，因此我们责备别人的事也常常可以在我们自己身上发现。我们不是应该互相原谅吗？

——佚名

※

语言是思想的表现，而思想是神的力量之表现。因此语言必须与它所要表现的东西一致，也就是说，语言可以表现神的力量，但不可能也不应该是恶的表现。

# 11月7日

## 死只是一种变化

生活是梦，死是觉醒。

死是另一种生活的开始。

——蒙田

我无法拂去如下的想法：诞生以前我是死的，而由于死，我又回到原来的状态。死就是带着以前自己存在的回忆而活着——我们姑且称它为假睡吧。又带着具体化了的新器官醒来，便是诞生。

——李希登堡

假设我杀了动物——狗、鸟或蜻蜓，或即使只是杀了小虫，严格说来，由于我的邪恶或轻率的举动，而使它们的存在（说得更清楚一点，就是使得一分钟以前惊人的生命现象还活泼泼表现在我们眼前的那种原始力量）归于无，毕竟是不可原谅的事。再从另一方面来说，对于每一秒钟都活生生的、各自经营其生活的无数不同种类的动物，我们实在无法断言它们在诞生以前是绝不存在的无，是由诞生才开始其存在的。就这样，有些东西隐藏在我的视线之外，有些东西从我不明白的地方出现——两者所具的形式、本质和性质是相同的，它们只是通过不断变化、不断更新形式来持续它们的存在；有些东西消逝，有些东西取而代之——但这也只是些许的变化，是存在形式的更新；它们本来是同一物，形体虽死，梦仍未断。

——叔本华

认为灵魂不灭即使是我的错误，我仍然满足于自己的这种错误，而且只要我活着，就没有任何人可以夺去我的这种信念。这种信念给我的是永恒的和平与完全的满足。

我绝不认为生到世界上来，在世界上过这样的生活是悲哀的事，因为我有理由相信自己生来是有某种贡献的。而当死来临的时候，我便像走出客栈那样踏出人生，舍弃生命；因为我们晓得我们在世上的存在只是一个过程，是暂时的——这是我们无法逃避的命运。

——西塞罗

我们在梦中常常过着有如现实中的生活。巴斯噶似乎说过："假如梦中不断出现同一种状态下的自己，而现实中出现的反而是各种不同状态下的自己，那么我们岂不是要把梦当成现实，把现实当成梦了？"

我们当然不能这么做。

现实与美梦有个明显的不同处：我们在现实生活里具有根据道德要求来行动的能力，但在梦中我们则常有不道德的出轨行为。假如我们不知道有比梦更确定的生活，我们就只好把梦当作真正的生活了。

但从生到死，包括梦在内的我们全部的生活，无非还是一场梦——以现实生活来接受的梦。我们所以相信其现实性，不外乎由于我们不知道除此还有更高一层的精神自由的领域。

——佚名

※

提出死后如何的问题时，必然是把未来当成隐藏着未出现的东西。但那样的未来其实是不存在的，因为未来应该是与时间有关，可是我们由于死走出了时间之外。

# 11月 8日

## 唤醒心中的神

神的法则与神的关系就如同我们的感觉与世界以及物质的关系。假如没有感觉，我们对世界和物质便一无所知，同样的，假如我们心中没有法则，我们对神也将一无所知。

要认识神，只有一个方法，那就是尽自己的义务，或者说依照理性所给予的法则来行动。我认为，所谓“神”，所谓“神存在”，指的应该是：保持自己的自由意志，并感觉到不能不凭真理行动。一般而言，认识神的是我们的心。这一层认识，让理性来发挥作用虽非完全不可能，但至少是非常困难的。只有理性却而没有心，则何时能接近神是个疑问。应该是心认识神之后，理性才开始探求神的。

——李希登堡

神的观念无论如何伟大，亦不外乎是被我们不断净化，无限提升后的心灵观念。了解神的基础存在于我们心中。

——柴宁

从某一方面来说，外在世界本身并不是独立存在的，而是由人这个“自我”给它条件，并思考它，也就是说，那是我们思想的果实。再从另一方面说，人这个“我”并不是由每个人自己来支持，而是由比“我”更崇高的存在来支持的。

——斯特拉霍夫

勤快的劳动者并不晓得主人生活的细节，只有懒惰的劳动者为了奉承主人才致力于知道主人的生活或兴趣。人与神的关系也是如此，重要的是把神当主人看待，了解神要求我的是什么；至于神是什么，神过着怎样的生活，我是绝对不知道的，因为我不是神的朋友，我是劳动者，而不是主人。

——佚名

※

每个人都可以了解神，这是人的本性。而完成神的法则是所有人共同的义务。

# 11月 9日

## 死的痛苦

作为动物之一的人类，抗拒死是必然的。但借着理性人能完全改变其态度，死将变成完全可接受的东西。

生与死平常似乎并无相通之处。也许正因如此，我们才不断地让理性之光黯淡下来，并产生机械的本能的试图动摇“死是不可避免的”的想法；日常生活都在努力固守现实，就像童话中的鹦鹉在断气的刹那间还反复喊着：“没事的，没什么事的！”

——爱弥尔

最后时刻来临，当死逼近的时候，精神便脱离肉体而去。它留下肉体之后是与超越时空的万物之根源合而为一，或是又移入其他有机形体中，我们并不知道。我们只知道最后肉体是被当初赐我们生命者抛弃了，变成解剖的对象。

——佚名

你并不知道自己是怎么来到世界上的，你只知道自己就是以现在的样子来的。你来到世界之后，你便不停地向前走，走到人生的半途，突然不再感到惊奇与欣喜，只想在此停步，不愿继续往前走，因为最后会走到哪里我们不得而知。可是你不是也不知道你的来处吗？尽管如此，你还是来了；你从入口进来了，不想从出口出去吗？

你的一生也是你的一条心路历程。在你不断地向前走的时候，会突然因有一天将走到尽头而感到悲哀，你害怕自己的状态将因死而发生巨大变化，但你不是也因诞生而发生巨大变化了吗？这种变化不但并未带来坏事，反而带来好事不是吗？再比如你现在舍不得离去这件事。

——佚名

※

假如我们相信，在生活中所发生的一切事情都是为了我们的幸福而发生的，假如我们相信生活的根源便是幸福，那么我们也不能不相信我们走到死所完成的一切事情仍然是为了我们的幸福而完成的。

# 11月 10日

## 理性反映于天地之间

我们在世界上所看到的一切现象，以及我们所想的一切事情，其根源就在我们的精神之中。

天地是伟大的，但天地具有色彩、形状和大小。在人的内心有一种既无色彩也无形状和大小的东西，那东西就是理性。

假如世界不能由它本身获得生命，那就只能由人的理性来取得生命，但由于世界是无限的，人的理性也非是无限的不可了。

——佚名

当我们谈论到能让人发现幸福的“天”时，我们想到的是广大空间里高高在上的地方，但这时候我们却忘了以下的事：如果从其他宇宙的空间眺望，我们的地球也是像天上的一颗星，那儿的居民将指着地球说："看看那星球吧，那是永恒的幸福之所在，是为我们准备的神的国度，有一天我们会到那儿去的。"但问题是：由于自古以来人类想法的错误，我们的信仰总是和"往高处去"联结在一起，我们却忽略了不管人爬得多高，都会发现天外有天。假如从不灭的精神中去寻求此世的幸福，就不该牵涉到那是在自己的上方或下方的问题了，因为那与物质界的远近是无关的。

——康德

若说世界反映在我们之中，毋宁说我们的理性反映到天地之间较为正确。我们不得不承认天地的秩序或智慧的统御是由我们的思考能力所产生的，但我们不能因而认为对我们的思考是不可或缺的，在现实里也是不可或缺的，因为现实世界究竟是如何建立起来的，我们不得而知。

——李希登堡

人只从肉体上的意义来看待自己的存在，所以会陷落到不可解的谜和一片矛盾之中。

——佚名

看看这个脆弱的、装满种种愿望的、穿着衣服的影子吧！那里面是没有力量的，是无力自我防备的；这个脆弱的无力的肉体是要逐渐耗损的，哪天离散虽不得而知，其中的生命却已一步步走向死亡。……头盖骨像秋天碎裂的南瓜……这样你还能感到高兴吗？还能抱着希望吗？

——佚名

肉体以骨头、以覆盖的肌肉、以血液的养分保持其形状，而其中却住宿着衰老与死亡，也住宿着傲慢与不逊……王侯华丽的马车总有一天会毁坏，衰老将肉体带向破灭。只有善的教诲不会衰老、不会消失。真正高贵的东西，我们才能称其为高贵吧！

——佛陀

※

为了解一切事物的真正意义，必须对肉体世界与精神世界好好做一比较。

# 11月 11日

## 迈向完美境界

所谓人生之道，就是走向道德的完美境界。

有人说：“我们生来就是自私、小气、淫荡的，除此之外，我们不可能是其他任何东西。”

不，我们绝不是这样。首先我们会从心底感觉到自己该尽的义务，而这种感觉将带给我们力量。

——索鲁达

你们全部是自由的行动者，这是你们所感觉到的。所有主张悲剧哲学的诡辩学者却违背人的良心和意识，发出洪亮的声音，欲建立宿命论的教义，然而他们绝对无力压制良心的苛责以及牺牲的喜悦——这两者永远可用来证明人是自由的行动者。

——佚名

从苏格拉底到基督、从基督到现在，多少世纪以来所有为真理而死的人，或所有信仰的牺牲者都反对这种奴隶式的教义，他们高喊：“我们还是爱着生命的，我们也爱让我们有美好人生的人，爱渴望和平的人；我们心脏的每一次跳动都对着我们呼喊：‘活下去！’但为了尽义务，为了拯救后世，我们宁可选择死。从该隐以来，所有的叛徒、所有选择邪道的伪善者，难道心底听不到谴责的声音吗？那声音反复着：‘为什么你们远离了真理之道？许多人不是因你这么做而失去和平，而永远陷于苦恼之中吗？你们本来是自由的行动者，可是由于恶行，你们都失去了这样的自由。’”

——马志尼

“我做什么好呢？”当你这样问的时候，我的回答是：如果照现在的样子，是不能做什么的。你现在该做的是尽可能不受别人的利己主义或享乐主义之影响；即使不伟大也要具有正直的心；先内省自己，弄清自己内心里是否留下了珍贵的痕迹。在这么做之前你是不能做什么的。兄弟们！我们要尽可能把良心找回来，以诚心代替享乐主义，以活泼泼的心代替石头般硬冷的心！只有如此，我们才能开始了解许多美好的事情其实是并行的，可以说是有个完整体系的。先走出第一步吧，第二步就会显得更容易、更明白、更充实。

——卡莱尔

有一个人把宝石掉到了海里，为捡回宝石，他开始用勺子去舀出海水，海精跑出来问他：“你要舀到什么时候呢？”那个人回答：“舀到我找回宝石。”于是海精就去把宝石拿来交给了他。

——佚名

※

种种现象的表面结果虽与我们的意志无关，但我们却随时可以努力，内心深处所结的美味果子往往就是我们努力得来的。

# 11月 12日

## 谦 虚

谦虚的人具有最强大的力量。

谦虚的人走出了自己，与神合而为一。

世界上没有比水更柔弱的东西；但任何可攻坚强的都不能对抗它，因为它的本性无法被改变。弱能胜强，柔能胜刚，这个道理世上没有人不知道，但没有人愿意去实行。

（原文：天下莫柔弱于水，而攻坚强莫之能胜，以其无以易之。弱之胜强，柔之胜刚，天下莫不知，莫能行。）

——老子

对环境施行暴力的人，环境也会反扑他；顺从环境的人，环境也会顺从他。

当环境对你不利的时候，绝对不要反抗它，顺其自然吧，因为反抗环境的人会成为它的奴隶，顺从环境的人则会成为它的主人。

——《犹太法典》

萨迪说："有一次我在梦中碰到一个骑虎而来的人，我被此景吓住了，可是那个人说：'萨迪，没什么好怕的，只要你顺服于神，一切便都顺服于你！'"

——佚名

世上最柔弱者能战胜最刚强者，因此谦虚之德是伟大的，沉默之德也是伟大的。但世上只有少数人能做到真正的谦虚。

——佚名

完成谦虚之德的人就像从圆锥的顶上往底下走的人，越往下走，精神生活的圆周越增大。

——佚名

※

人越谦虚，越变得自由且有力量。

# 11月 13日

## 改善自己

自我完成的愿望是人与生俱有的；因为只要一个人是诚实的，他就绝不可能满足于目前的自己。

人必须把他的天赋朝善的方面发展，神并没有在人的内在里安排好充分的善，只是有对善的保证。人都必须努力去改善自己，修炼自己，并非达到此目的不可。

——康德

佛陀说："罪恶之根乃在于对真理的无知。"

从这个根会长出无限错误的树，并结出苦恼的果子。

对待无知只有一个方法，那就是智慧。真正的智慧只有通过自我完成才能得到，进一步说，关于社会的改善也只有靠大家具备更好的世界观，并且所作所为都能与此世界观相合，也就是说，只有每个人都能不断改善自己才能达成改善社会的目的。

因此，每个人本身未加改善便试图改善社会生活是徒劳无益的；每个人的改善是改善社会生活最可靠的方法和前提。

——哈特曼

一个人若只求改善自己，只求获得自己内在的充实以及宗教上的顺从（道德上的完美境界），便几乎没有不去完成人生使命的危险。

——爱弥尔

基督教徒不能只是老师，也不能只是学生，他必须兼具两者，如此才能不断前进，才有无限发展的可能。

朋友，我们每个人都是学无止境的！不要认为自己年纪大得不适合学习了，不要认为自己的力量已经完全成熟且充分发达了，也不要认为自己的性格以及精神都已经达到其该有的境界了，不要认为自己已经不能再好了。对于基督教徒来说，是没有所谓毕业的，他必须活到老学到老。

——果戈理

善于思索的人应该都会体验到很大的悲痛，这种悲痛或许大到能败坏德性，但这不是只过肤浅生活的人所能了解的；只要这些人未曾想过压制人或虐待人的种种不幸，只要他们对任何美好的事情不抱希望，有些思想家对支配世界秩序的神便会心怀不平。但无论神为我们在世上的生活安排了多么困难的道路，我们仍然要满足于神才是最重要的。如此我们便不会在人生的困境中丧失勇气，也不会遗忘可能成为万恶之因的我们本身所犯的罪过，而把一切归罪于命运。

——康德

如同我们必须摆脱恶习一样，我们也必须摆脱私心——这是我们可以做到的。自我满足的增进，或夸示自己，或强求别人的爱，全都要不得。你若一点都不想为别人去做，那就不要做，但绝对不要仅为你个人的利益去做任何事情。

——佚名

实践美德的首要法则在于自我完成，而不在于获得别人的赞赏。

——佚名

以善战胜恶的人，如同破云而出的月亮般照耀着世界。

拥有大地的一切，或上天堂，或统治全世界，都不如拥有一步步走近神圣境界的喜悦。

——佚名

有一人说："主！我要跟从你，但容我先去辞别我的家人。"

耶稣说："手扶着犁向后看的，不配进入神的国度。"

——《路加福音》9∶61～62

为自我完成而奉献一生的人是只往前看的，停滞不前的人才老喜欢回顾。

——佚名

※

对自己感到不满意是实现美好生活的必要条件：只有这样的不满才能促使人去锤炼自己。

# 11月 14日

## 最重要的知识

能照耀人生、引导人生的知识，比其他任何知识都重要。

认识人生的法则是非常重要的事。而引导我们走向自我完成的知识是最重要的知识。

——斯宾塞

与其因拥有学问的伟大宝库而感到自满，不如因只拥有少量健全的思想而满怀谦虚。并不是学问有什么不好，任何学问应该都有其益处，但比知识更重要的是要先建立道德良心和道德生活。

——凯姆比斯基

学问的发达与道德的纯化未必一致；今日知识的发达反而

造成了国民的堕落，因为我们把空洞的虚伪的知识与真正的高远的知识混淆了。学问如果从它抽象的意义，从它光辉的一面看，是十分值得尊敬的。但今日的学问，即只有愚夫才称其为学问的东西，则完全是滑稽且值得轻蔑的。

——卢梭

只有好行为的人才真正配称之为有学问的人。

——佚名

若思考的方向不正确，意志也不可能是正确的，因为意志往往由思考方向来决定。思考方向建立在人生永恒的法则上面才是最正确的。

——塞内加

凡是智者所说的话我们都要加以注意（即使他的言行不一致）。即使是写在墙壁上的教训也有值得我们学习的地方。

——萨迪

我们期待这样的教师：对弟子先教以如何判断，再给予知识，然后才给予学问。

这种方法的好处是，弟子即使达不到最后阶段，即使当不了学者，他却因跟从了这位老师而成为对实际人生（不是对学校）有经验且聪明的人。

假如这个顺序搞错了，在弟子尚未具有自己的判断能力之前便给予知识，让他累积了许多借来的学问（那只是被硬塞的，并非与弟子本身共同成长的东西），那么他的精神能力不但毫无增进，反而会在自认博学的陶醉下腐化。这就是为什么我们常常会碰到一些缺少判断力的学者，或一些虽是学院出身却比社会其他阶层的人以更迂腐的想法来处理人生问题的人。

——康德

※

对知识而言，重要的不是它的量，而是我们对它的评价；我们必须分清怎样的知识是最重要的，怎样的是次要的，以及怎样的是最不重要的。

# 11月 15日

## 富裕给人的喜悦是虚假的

富裕给人的喜悦是虚假的。

“你的财宝在哪里，你的心也在哪里。”

只由财宝来决定其“富有”的人，他的心必陷入可怕的泥沼之中。

——佚名

财富、权力、寿命——大家苦苦想拥有的这一切东西，究竟有什么用呢？是否有一种任你去挥霍的满足感？

看到人家拥有金碧辉煌的屋子、大片的土地、金银餐具、大量衣服，自己就会想尽办法去拥有比这样更多的东西。最富有的人于是变成不如他富有的人犯罪之原因，而后者又成为不如他富有的人犯罪之原因。假如富有的人不囤积财富也不浪费财富，他就不可能引发较不富有者以及贫困者的黄金梦。

对财富的爱好将产生比暴力更坏的结果，将产生烦恼、嫉妒、狡猾、憎恶、杀生以及对善行的无数妨碍，产生纵欲、淫荡、冷酷、贪欲，而且让自由的人成为奴隶，甚至成为比奴隶更坏的东西，亦即不是人的奴隶，是情欲和精神病的最可怕的奴隶。这样的人将做出很多背叛神的事情，并使得别人也无法从这种可悲的、造成奴性的、呼出恶魔的贪欲逃脱。

尤其更坏的是：人虽因之陷于不幸的境遇，却仍然抱着自己的锁链不放；虽困于阴暗的监狱，却不想走到光明的地方，仍然紧紧与恶相结合，并乐于生病。我们因而处于比煤矿工人更可怕的状态，无法成为自由的人；备尝困苦和不幸，却得不到收获。

而最坏的是：假如有人想解放我们这种可悲的奴隶状态，我们不但不感谢他们，反而觉得愤怒。到此地步，我们已与疯子无异，而且比任何人都不幸，因为这时候我们仍然不肯告别自己的疯狂。你生而为人为的只是兢兢业业囤积黄金吗？神并非为此而以它自己的样子而创造你的，神是为了让你来实现它的意志而创造你的。

——琐罗亚斯德

穷人比富人快活、多欢笑。

——佚名

为什么富裕是那么被人需要呢？人为什么需要高价的马、华丽的衣服、漂亮的房间，以及出入公共娱乐场所的权利呢？这全都是由人缺乏思考能力而来的。如果人能有一番内省、深思，他将比最富裕的人更幸福。

——爱默生

人的心血花在赚钱方面不知比花在头脑与心灵的培养上大多少倍，但有助于我们幸福的绝非外在之物而是内在的东西。

——叔本华

※

对于过精神生活的人而言，富裕不但非他所需，甚至是妨碍；因为富裕将妨碍他过真正的生活。

# 11月 16日

## 信仰能为人解决问题

信仰带给人生的力量。

在每一世纪，基督都是最伟大的人物。他主张对神与对人的爱——真正的具普遍性的宗教。但我相信将来在神的允许之下一定有更伟大的人物出现，我这么说并不是要挑基督的伟大人格的毛病，而只是意在证明神的全能。当我所谓的伟大人物出现的时候，以前的斗争将重演，真正的预言者将遭杀戮，该死的偶像则受到崇拜。

但无论如何，今日基督传给我们的是真正的道，与我们所一向习惯的道理是完全相反的。假如基督让他的道与一般人告诉他的道一致，假如他的道只与血肉一致，那么他也不过是一个可怜的犹太人而已，我们的世界也就失去了宗教生活的至宝，失去了唯一具有普遍性的真正的宗教福音。

假如他也跟一般人一样说“不可能有任何比摩西更崇高、更可靠的人了”，那么他也就不会有任何可取之处，神也早已将他的灵魂抛弃了。但基督是听从于神而非听从于人，是听从于自己的希望而非屈服于恐惧；他为众人受苦，与众人在一起，在众人之中信神，教会和国家都不是他所害怕的；即使在彼拉多与希律联合把该是世界之王的他钉在十字架上的时候，他还是泰然处之。我常觉得他的高贵精神似乎在对我们说：“绝不要害怕，可怜的同胞啊，不要绝望！在我心中的善，你们也有；如同神靠近我，神也靠近你们。对于愿意奉献给神的人，神随时都准备赐予他真正的财富。”

——西奥多·帕克

死亡、静寂、深渊——这对于以不死、福祉、完成为目标的人而言仍然是可怕的秘密。明天或者数小时之后，如果我停止呼吸，我会是什么样子呢？现在我所爱着的人都会到哪里去呢？我们都会到哪里去，会变成什么样子呢？“永恒之谜”总是俨然以胜利者的姿态站在我们面前；到处存在着秘密。信仰——只有信仰是黑暗中唯一的一颗星。

是的，只要我们明白什么是天福，只要我们懂得尽义务，一切就不那么可怕了。努力于求福行善——这便是我们的法则，我们得救的关键，我们的灯塔，我们人生意义之所在；只要这一点存在，所有的宗教都是不重要的，因为我们已经有我们的理想，我们已经找到了生存的意义。

——爱弥尔

虽然有各种各样的信仰，但真正的宗教却只有一个。

——康德

只有信仰能产生坚定的信念，产生精力，并产生团结的力量以改革社会。

——佚名

我们只拥有一位可信赖的指导者，那就是贯穿于所有人之间，让所有人为该做的事而努力的一种普遍精神，也就是神本身。是神命令树木向着太阳生长，命令植物开花结果，命令我们向着神精进，并命令我们在精进中互相结合为一体。

——佚名

※

人只要活着都会有某种信仰。一个人的信仰越是接近真理，他就越幸福；越远离真理，就越不幸。

没有信仰，人是无法活下去的；没有信仰的人虽生犹死，或与自杀者无异。

# 11月17日

## 过去与未来皆空幻

我们为过去的事而烦恼，为未来的事而伤害自己，都不外乎表示我们对于现在的轻视。但过去和未来都是空幻的，只有现在才是真实的。

最普遍的一种错误是：大家总认为现在并非是一个具有批判性的、决定性的时间。但我们应该深深记得：每一天都是一生中最美好的日子。

——爱默生

除了我现在所做的事情之外，其他事都不是重要的。

——佚名

尊敬和自己同时代的杰出人物吧，不要说："前人是较伟大的。”

今天应该好好利用自己的容器（自己的肉体），也许明天它就毁坏了。

——《犹太法典》

你是否正在做你该做的事——这句话具有极重大的意义。因为你生活中唯一的意义是：即使在这个你被赐予的短暂生涯里，你仍然必须按照神指示的法则行事。

——佚名

过去与未来都是不存在的，有谁曾走进这些空幻的国度？只有现在是存在的。不要为明天担心，因为明天是不可捉摸的；只为今天，并只活在今天吧！假如每个“今天”的生活是善的，那就是永恒的善。

——佚名

※

当你为过去的回忆烦恼或为未来的事担忧的时候，你应该想起生活是只存在于现在的。当你对现在的生活倾注全力的时候，对过去的烦恼以及对未来的担忧都会消失，而且你将体会到自由，感受到喜悦。

# 11月 18日

## 走出小我

善不能以接受者的需要或给予者的牺牲来衡量；给予者和接受者之间必须有神作为他们沟通的基础。

人似乎生来容易忘掉善行，不易忘掉恶行；侮辱、毁谤之类的事总是执拗地留在人的记忆中。

——塞内加

假如我们只是为期待报酬而尽义务，那就不能算善行，那只是一种欺人的盲目行为。

——西塞罗

请勿毁谤人，你加诸于人的毁谤或侮辱往往又会弹回自己身上来；恶灵从前方来袭，你给人的毁谤却又从背后反攻你。

不要向愤怒投降，因为向愤怒投降的人会忘掉自己的义务，逃脱自己的善行。

小心不要当懦夫，懦弱使人丧失世界以及自己精神的喜悦，糟蹋自己的肉体与心灵。热衷于肉欲、官能享乐（满足肉欲）的结果是病弱与后悔。

勿存嫉妒心，以免伤害自己。

不要因屈辱而犯罪。

不断默默地耕耘吧，为神，也为人的利益——养成习惯后，你所做的便是最有价值的工作。

勿因怠惰而夺取别人的东西；不以自己的劳力来养活自己，反而强迫别人来养活自己的人不是等于食人族吗？

勿与狡猾者争辩，对他们最好一言不发。

勿与贪婪者为伴，勿听信他们的话。

勿与愚昧者交往，也勿与他们说理。勿与邪恶者交易，勿与常毁谤人者共事。

——东方箴言

若有人问我是否有一种作为试金石的纯粹道德可以考虑一切行为的道德内容，我不得不奉告：只有哲学家才会对这个问题产生怀疑。因为对于具有健全思想的人而言，这早已是不容怀疑的问题。

——佚名

对友人行善吧，这样他们会更爱你。也对敌人行善吧，这样他们有一天将变成你的朋友。

当你提到敌人的时候，必须记得将来有一天他很可能变成你的朋友。

——奥勒留

你必须认识清楚你的一生是要为别人的幸福而奉献的，你必须心甘情愿为别人而尽全力。

——罗斯金

从一件善事到另一件善事，毫不间断地紧接着做下去吧！这样的生活才算是幸福的生活。

——奥勒留

你对邻人所行的恶，即使很小也要视之为重大的事；你对邻人所行的善事，即使很大也要看成是微不足道的事；而邻人对你所行的善，即使很小也要视为大事。

——《犹太法典》

※

真正的善是在不知不觉中做出来的，也就是只有在走出小我，跟其他人结合在一起的时候，才可能做到。

# 11月19日

## 行恶必使自己痛苦

人所行的物质方面的恶，为恶者本身或许能逃过报应。但唤起恶行的恶念一定会在心中留下痕迹，难逃自作自受的报应。

正直的人所该采取的态度是：即使自己能从某件事获得极大的利益，他也绝不因此造成任何人的悲哀。而且他绝不以恶报恶。

假如一个人不放过无缘无故憎恨他的人，最终自己也会陷于无法消除的困境。

对于为恶者，最好的处罚是：由别人对他行善来唤起他的羞耻心。

假如一个人不会像解除自己的痛苦那样去解除别人的痛苦，那么即使有丰富的学识又有何用?

早晨起了恶念的人，晚间便有恶来敲门。

恶人在害别人之前便已先伤害到了自己。

——奥古斯丁

命运加诸于人的不幸还有避开之可能，但自己加给自己的不幸却无挽救之路。

——东方谚语

不幸的人生不是我们逃避得了的，因为恶与它根深蒂固地结合在一起。恶是我们无知的产物；不懂真正的法则造成我们人生的不幸，无论到哪里我们都是不幸的。让我们先从解除无知开始吧，如此我们的不幸也会自然消失。

——佛陀

如同每一季节都会表现它的特征，人的每一种行为也会带来独特的状态。

遭毁谤、受侮辱的人可以安安稳稳睡觉、快快乐乐生活，但发出毁谤人的却正走在自我毁灭的路上。

即使有人害你受苦也不要愤恨，不要以行为和思想伤害任何人，对任何人都不要说不愉快的话。因为这一切对幸福的获得是一种阻碍。

——印度经典

有人故意过黑暗的生活，似乎自己具有过那种生活的权利。他们总为那种生活忙碌着，他们最大的满足和快乐是在觉醒的人眼中投以自己黑暗生活的影子。这样的人通常是非常不幸的。

——佚名

具有行善的可能性，却未去实践的人，一定非常苦恼。

——萨迪

努力使自己成为一个好典范！能战胜自己也就能战胜别人，战胜自己是最困难的事。

每个人只对自己具有支配力。自己所行的恶、自己所造成的恶，将如同钻石切石头般毁灭自己；当然自己也将为自己所行的恶受苦。相反的，假如能由自己来消除恶，就能彻底洗净自己。

无论对方是谁，不要忘了自己对别人的义务。

——佚名

※

由于行恶而使自己精神上蒙受的损害，任何表面上的幸福都无法弥补它。

# 11月 20日

## 善心不因遭迫害而动摇

怀有善念的人想在罪恶深重的人们之间唤醒他们的爱是困难的，事实上反而会遭受他们迫害。但善心并不因遭受迫害而动摇。

你们要防备人；因为他们要把你们交给公会，还要在会堂里鞭打你们；并且你们要因为我的缘故，被送到诸侯君王面前，为他们和外邦人做见证。你们被押送的时候，不要思虑怎样说话，或说什么话；到那时候，神必赐给你们当说的话。因为不是你们自己说的，而是你们的神灵在你们内心说的。

——《马太福音》10：17～20

尽全力为正义而奋斗的人，胜利总是属于他们。这种胜利甚至具有抗衡死的力量。不屈不挠的可信赖的精神啊，奋起吧，前进吧，无论幸或不幸，你所争取的正义无疑终必获胜；只有违背正义才会遭受毁灭；正义是无法被征服的，因为它不是靠你的意志来实现，而是靠自然的永恒的法则来实现的。

——卡莱尔

在向善的途中所横亘的一切障碍，由于我们经过一番精神的努力去克服，反而给以我们新的力量。那些障碍物、那些威胁我们的东西本身后来都会成为善；在看起来似乎没有出口的地方，最终都会突然出现一条光明大道。

——奥勒留

忍耐到最后的人便能得救。

但人却容易绝望，停滞不前，或者在只要再稍加努力便能到达目的地的时候却转身往回走。

一切迫害虽能摧毁人为的支柱，却反而使真正的信仰日渐明朗化。

——佚名

※

不要寻求别人的爱；即使得不到别人的爱也不要苦恼。一般人往往喜爱行恶者，而憎恨行善者。重要的是要听从内心的神，而不是听从一般人。

# 11月 21日

## 善行由每日行为来衡量

我们在世上倒是没有什么特别可称之为大功告成的事。必须去完成的是我们的生活本身。

每天早上醒来，我们都必须问自己：“今天我该做些什么好事？”每天太阳下山的时候，不是要把我们被赐予的生活的一小片断带走吗？

——印度格言

人的德性并不是由某种异常的努力来衡量的，而是由每天的行为来衡量的。

——巴斯噶

服侍神远比服侍人方便。因为在人面前你总想给人好的印象，如果遭人轻视就会非常伤心或愤怒；但在神面前则完全无须如此，神知道你是什么样的人，而且在神面前没有谁会毁谤你，你没有装模作样的必要，你只要努力改善自己就好。

——佚名

让我们的心灵每天保持纯净，让我们每天尽心尽力履行义务，让我们把和平带到内心世界！

——佚名

愿我们将每天的曙光看成生活的开始，将每天的落日看成生活的完毕。让短暂人生的每一日都留下以爱心待人、以努力改善自己的痕迹。

——罗斯金

※

人生最重要的事是听从良心的声音，每日做自己该做的事。

# 11月22日

## 重要的是培植不是建设

人越不自足，对自己内在生活越缺乏改善，就越容易把自己表现到外在的社会生活上。

我们一向习惯于去思索如何为别人（社会一般人）建立生活的问题，从不觉得这种想法之不可思议。但这种想法在具有宗教的自由精神的人之间是不存在的；那只是以一个人或少数几个人来统治其他多数人的专制主义产物，只有统治者本身以及统治者的追随者才具有这种想法。

这种想法是非常有害的，因为在专制者的暴力下必然有很多人受压制，从每个人的内在改善自己才是必要的意识也将被削弱——事实上这种意识才是为别人服务的真正方法。

——佚名

通过议会制度来统治人民的目的，并不在于实现更大的正义，而在于使人民屈从，并失去发言的权利。

——佚名

假如经验丰富的老人对你说："破坏掉！"而年轻人却对你说："建设起来！"那么你选择破坏吧，因为老年人的破坏意味着建设，年轻人的建设则意味着破坏。

——《犹太法典》

不但个人没有支配多数人的权利，多数人也没有支配个人的权利。

——佚名

多数人的声音并不能作为正义的标准。

——席勒

真理是什么？大多数人所谓的真理都只是似是而非的真理；从是否有利于自己的立场来看真理的人，认为那是可以用数目来衡量的（例如投票的数目）。

——卡莱尔

我们不但认为所有的剑和枪都可以拿到陈列刑具的博物馆束之高阁，而且认为警察制度和投票制度也可以步其后尘。

——库罗斯比

当我坐在海边听海浪拍岸的声音时，有一种从一切环境释放出来的感觉。全世界的人民应该也能以这种自由的心情去重新认识自己周围的制度。

——梭罗

※

重要的是培植，不是建设；因为对于建设起来的东西，大自然总会以种种方法加以破坏；而对于所培植的东西，则由于它的不断成长而对我们有所帮助。

# 11月 23日

## 生命的奥秘

“所有的事情都能以人的头脑来解决”——只有对人生最重要的属于本质上的问题未加思索的人才会这么说。

我们往往认为道德上的教义指的是不可能有任何新鲜感和趣味的一种无聊的东西。人类的生活虽然十分复杂，虽然具有各种各样的形式（例如政治的、科学的、艺术的、商业的），但它们应该都有一个共同的目的，就是在使道德的真实性逐渐明朗化，并使它纯化、普及。

——佚名

一切的根源都是神秘的；所有个体的或集体的生命起源都是神秘的；也就是说那是不属于人类头脑的，难以说明、难以下定义的“某种东西”。总而言之，所有的个性是难解的谜，而一切的根源也是难以说明的。实际上能说明的只是其结果，根源本身（即创造奇迹的根源）是我们无法说明的。

——爱弥尔

植物生命的奥秘与我们生命的奥秘是一样的。生物学家枉费心血想以机械上的法则来说明这种奥秘，也就是说，我们是无法像说明自己所制造的机械那样说明这种奥秘的；我们无法以我们的指尖触及植物生命最神圣的部分，我们所了解的不过是极表面的事。

——梭罗

当我们通过显微镜或望远镜看东西的时候，那些东西反而显得微不足道了。

——梭罗

※

与其试图去探知无法了解的事，不如彻底了解少量可以被了解的事。

没有比探索不可知事物的领域更容易削弱人的智力或让人走入歧途了，也没有比这样更容易使人失去信心的了，而最不可原谅的是以不知为知的态度。

# 11月24日

## 慈悲为怀

所谓慈善并不在于给邻人物质上的援助，而在于给他们精神上的支持。精神上的支持意味着不毁谤邻人，不批评邻人，尊重他们作为一个人的价值。

无论是多让人难忍的邪恶的人，只要他是穷困的，我们就应该对他抱有同情心。想想看，仅数步之外就有饱食者穿美服走过，而不幸的人却要在陋室里忍受贫乏，这是多么困难的事。

——圣贤思想

把多余之物分享给人自不用说，即使把自己的生活所需给予贫困的人，你也不要自认对人有大恩。真正的爱甚至要求你献出自己的心（在心中为别人留有余地）。

——圣贤思想

不要凭空相信邻人的恶，也绝不要传播朋友的恶。

——潘恩

狄奥佛拉斯塔说：“善良的人无法不生坏人的气。”这么说来，不是越善良的人越容易生气了？但事实上情况却相反，一个人越善良，便越不容易受情念的束缚，越不憎恨任何人。换句话说，一个具有分辨能力的心怀善念的人绝不可能憎恨犯错的人，若要憎恨，则该憎恨的是他自己；只要想想自己屡次违背道德的罪过，想想自己大部分行为不够谦逊，我们怎能不生自己的气呢？

正当的裁判也如同处罚犯罪的邻人那样处罚自己，任何人都无法以自己是完美无缺的来为自己辩护；即使在证人面前能主张自己的无罪，但在良心面前是无法做此主张的。我们最好能尽量亲切对待犯罪的人，并且爱他们，不追究过去，让他们回到正确的路上来；无论是犯什么罪的人，我们都不要驱逐他们，要将他们引入正途。

把误入歧途的人引入正途是我们的义务。因此，为了他们也为了其他的人，我们必须以严肃的教育而非愤怒来矫正他们。是否有对病人生气的医生？

——塞内加

当你对别人生气、对别人怀着敌意的时候，你是把“别人乃是你同胞”一事给忘了，你是不与同胞为友而与他们为敌了；你将因此而伤害自己，因为当你不做善良的、关怀社会的人，而变成偷偷扑向猎物的野兽时，你便失去了自己最好的本性。你丢掉钱包的时候总会立即察觉到，可是当你丧失自己的名誉、善心和谦逊的时候，为什么察觉不到这种损失？

——艾皮科蒂塔斯

你能靠慈爱与亲切解除敌人的武装；柴少了，火自然会熄灭；慈爱与亲切可以消除暴力。

——佛典

若看到邻人犯罪，便以疾恶如仇为借口，对邻人抱有憎恶之情，那么他就不是一个真正具有慈悲之心的人；也就是说他并不真正具备以对神的爱为基础的慈爱，因为由神产生的一切都该是和平的，亲切的，而且让我们有所醒悟的。

——圣贤思想

※

尽量不要把自己犯罪的可耻记忆隐藏起来，相反的，你应该随时预备好它们，当你必须去面对邻人的罪恶时便可进行适当的利用。

# 11月 25日

## 战争的残酷

大家已经开始了解到战争不但无益，而且是疯狂的、残忍的。虽然如此，我们还是无法摆脱它，因为我们往往只从表面上而未从每个人的内心去寻求解决的方法。

无可否认，十九世纪开辟出了一条新的道路来；十九世纪的人开始了解：一个民族也必须有法律与制裁，而一个民族对另一个民族所犯的罪虽是大规模地进行，但那是和一个人对另一个人所犯的罪一样可憎的。

——佚名

对人类的种种活动若不只看其表面，还能从根本上来看，就难逃下面可悲的结论：为了让邪恶的帝国在地球上继续存在，有太多生命被浪费掉了，而常备兵的存在更助长了这种邪恶。

地球上的居民目前仍处在非常不合理、无知、鲁钝的状态。他们每天阅读报章杂志上有关国际间的冲突、备战事宜之类的报道，无论是否上战场，却都忘了自己生存的意义。

这个奇妙星球上的每一位居民，目前仍缺乏作为人类一员的意识；必须所有聪明的人都具有团结一致的勇气，才有可能改变现状；因为从个人立场来说，没有任何人希望战争，但世界上却存在着巧妙的政治束缚，妨碍了人们应有的团结。

——佚名

人以如下方法捕杀熊：在蜜桶上悬挂系着圆木的粗绳，当熊想吃蜜的时候就会把圆木推开，圆木会弹回来打在熊身上；熊一生气便用更大力气推开圆木，结果圆木也更重地打在熊身上。如此反复，一直到熊被打死。说起来，世人又能比这只熊聪明多少呢？

——佚名

战争是杀人行为。为了杀人，无论有多少人组织起来成为一个集团，无论他们想如何为自己辩解，杀人依然是世界上最大的罪恶。

——佚名

※

只要帝国的权力存在，战争就不可能绝迹；战争是这种权力的结果。

# 11月26日

## 一根蜡烛点燃千根蜡烛

用一根蜡烛点燃其他蜡烛，不久上千根蜡烛都被点燃了；同样的，用一个人的心点燃他人的心，不久人的心都点燃了。

分五个面包的奇迹只有在爱心扩大的时候才有可能发生；大家的肚子填饱了，可是面包还有剩余。

某些人认为“人类的完成”不过是乌托邦想阻止你的努力为善，对这些人你必须有所警戒。

重要的是顺从一切能让你心中高贵之情觉醒的东西。

——罗斯金

与其相信人生来就具有恶——即使小小的恶，不如相信那存在于高远之处的、虽然是遥不可及的善。

一般人的生活和行为都是一部分根据自己的想法，一部分根据别人的想法来决定的。根据自己的想法到何种程度，以及根据别人的想法到何种程度，产生了人与人之间的主要差异。

——佚名

传播好书便是善的鼓吹，发扬好的艺术也是，而祈祷是自己对自己鼓吹善。但关于善的鼓吹最重要的是过完善的生活；因此，过完善的生活不但对本人来说是幸福的，对其他受到影响、受到感化的人来说也是幸福的。

——佚名

我们常常看到一些善良、聪明、诚实的人尽管知道战争、食肉、不自耕而拥有土地、刑事裁判以及其他种种事情，都是非法的、罪恶的，但他们还是若无其事地继续做这些邪恶的事。这种可怕的现象是如何造成的呢？原因该是：这种人的行动并不听凭自己良心与理性的要求，而是受到外在的唆使。我们常常看到下面两种现象：一种是外在的唆使越强烈支配一个人，他就越满不在乎地做违背良心的事；另外一种是外在的影响慢慢减少的时候，理性的要求便加强，一个人也就开始动摇，最后理性将获得胜利。

——佚名

如果你想劝诫他人勿过邪恶的生活，你必须自己先过善的生活；说教是没有什么效果的，人只相信眼睛所看到的。

——梭罗

错误并非仅限于犯错者本身，一个人陷入错误的时候也会把他的错误传给周围的人。

只靠说教是难以引人为善的，但如果有实例指示就容易了。

——塞内加

由于别人思想深层里的灵魂之波流入我们心底深处，而在不知不觉间把我们提升了，无谓的烦恼也因之消失。

——爱默生

※

当心并回避有损你灵魂的同伴！你必须尊重善良的同伴，并且不断去寻觅这样的同伴。

# 11月 27日

## 勿受情欲支配

当情欲支配你的时候，绝不要认为它是构成你精神的要素。其实情欲对你的支配，等于遮住你灵魂本质的一阵黑暗来袭。

让自己成为引导自己的光吧！不要失去对自己的信赖，把自己的光高高举起，勿求其他避难所！

——佛陀

假如你想认识“大我”，首先必须认识自己。为了认识自己，必须让“小我”为“大我”而牺牲；假如你想生活在精神领域，就非牺牲自己的外在生活不可，并且不应该去想形成外在世界的所有东西，就必须尽量远离不断发生的一切形象，免得这些形象在你的灵魂上投下阴影。

能消长之物都是你的影子。存在于你内在的东西是永恒的，是不属于瞬息万变的生活；这个人类内在的永恒的东西，无论在未来、过去或是现在，都是存在且永不消失的。

——婆罗门教经典

人的灵魂可以比作自内部发光的球体。这样的光不但对灵魂本身成为一切光明与真理的泉源，而且也照耀所有外在之物；在此情况下，人的灵魂是处于真正自由而幸福的状态中的。只有对外在世界的情念才会干扰球体表面的光滑，使它失去光泽。

——奥勒留

数以万计的人身上难道真的没有仁义之心吗？人之所以失去他原有的善心，就像斧头、柴刀对于树木一样，天天砍伐，它还能茂美吗？

（原文：虽存乎人者，岂无仁义之心哉！其所以放其良心者，亦犹斧斤之于木也。旦旦而伐之，可以为美乎？）

——《孟子》

若一个人原来怀抱的是破碎的沉重的心，过的是苦恼的生活，忽而有朝一日，黯淡的心明亮起来，欢悦起来，我认为没有比这更幸福、更珍贵的了；人性是善的，内在的力量与勇气的获得便存在着一种宗教的幸福；我们一定会为这种看来不易获得的力量之存在而惊奇的；一旦认识这种力量，我们便会不断地体会到它的价值，并不断地让它发挥作用。

——爱弥尔

在你自己内心里有个善之源泉，随着你的汲取，泉中便发出银铃般的妙音。

——奥勒留

人的灵魂是一面镜子，用以照见神的睿智。

——罗斯金

※

当你感觉到自己为情欲所支配时，立刻唤醒自己内心所拥有的灵性吧。当你感觉到自己的灵性被某种东西遮盖的时候，应立刻警觉到是情欲来支配自己了，而且应立刻去克服它。

# 11月28日

## 对“永恒”的意识

生命并不因死而消失，只是改变一个形式而已。

不要老是在怀疑与恐惧中浪费自己的生命。你应相信好好尽现在的义务才是为迎接下一刻所做的最好准备，担当起你的任务来吧！

对我们现在的状态而言，未来的状态可以说是空幻的。重要的不在于人生的长短而在于其深度；人生的长短不是问题，心灵乃超越于时间之外，凡是具备崇高行为的人都了解这一点；当我们过着完善生活的时候，便无“时间”问题的存在。

耶稣对永生并未做任何直接的说明，可是他的影响却让人超越了时间，让人感觉到自己的永恒性。

——爱默生

人所居住的家是不会永存的。但灵魂本身以纯净的思想和良好的行为所建立的“家”则不为自己的永恒性担忧，而且也没有任何东西能伤害其中的一切。

——露西·马洛丽

对永恒的信念不是由理论获得，而是由生活本身获得的。

——佚名

当你和另一个人携手在人生旅途前进的时候，如果对方突然不知消逝于何方，你站在这样的深渊之前往下探看，必有一种对永恒的信念油然而生。

——佚名

一个人越能意识到自由、平安、精神力量、生命的喜悦，他对死的恐惧便越少。此世的生活与永恒的生活相融合的时候，也就是内心拥有大平安的时候。

——佚名

※

永恒的意识是人心本有的。只有我们所行的恶会随着我们行恶的程度夺去我们这种意识。

# 11月29日

## 谈言语

语言就是行为。

绝不说自己未感觉到的事；绝不以虚伪遮住你心灵的光。

——圣贤思想

我们的敌人有时候可能比朋友更对我们有益，因为朋友总是原谅我们的罪过，但敌人总是揭发我们的罪过，叫我们不得不有所警惕。

绝不能忽略敌人对我们的批评。

——佚名

即使是小小的虚荣和矫饰，无论是想让别人相信自己，或是自己相信自己，都没有什么好处，关于这一点，只要用心考虑一下就可以了解。当然，让别人相信自己比自己相信自己需要更多的自我牺牲和自我教育，因此前者比后者确实对名誉有更大的贡献。

——康德

圣人并不由某人所说的话来决定他的价值；也不因为某些话是卑微的人所说的便看轻那些话。

——中国金言

人的语言是用来翻译脑子里所产生的概念的可贵用具。但是在真挚而深刻的情感领域，这种翻译能力就太薄弱了。

——柯修特

任何语言只有在听者能接受的范围内才具有意义。你无法对没有尊严的人讲人的尊严，无法对与爱无缘的人讲爱。如果你为了让他们听懂而尽量降低那些话的意义，最后你所要表达的话都不存在了。

——罗斯金

※

无论为了什么目的，虚伪的辩解都是站不住脚的。

# 11月 30日

## 土地是人类共有的财产

土地应该是全体人类共同且平等拥有之物，而不应该成为私有财产。

我降生到世界上来，而我在世界上应得的一分土地在哪里呢？各位绅士，请分给我可以砍伐运出木材的森林吧，请分给我能种谷物的田园吧，分给我能盖小屋的土地吧！但这些绅士会对着我叫：你可以用手去摸摸那些你要的森林、田园或土地。但是来吧，你可以到我们的土地上来工作，这样的话我们会分给你一些粮食的。

——爱默生

我们的理性告诉我们，土地是不可以买卖的。神是为了让它的孩子们能在土地上居住、耕作、生活，才把土地给他们的。因此在他们从事耕作期间，具有使用土地的权利。

——佚名

土地不可买卖，因为土地是我的，你们在我面前是旅客，是寄居的。

——《利未记》25：23

严格地说，土地只属于全能的神以及在土地上劳动的人。

——卡莱尔

从太初，从一切法令成立之前，大地便属于所有的人；换句话说，所有的人都具有使用其所在地的权利——使用无论是自然因素或是偶然机会使他落脚之地的权利。

——康德

神可能把东西只给某人而不给其他的人吗？神可能把他孩子之中的某一个除外吗？你们这些人竟要求利用神所赐东西的特殊权利。如果神立过不让你们其他弟兄继承产业的字据，那么请拿出来让大家看看吧！

——拉梅内

把土地作为私有财产是最违背自然的一种罪恶；我们所以未察觉到它的邪恶，完全是因为我们的世界把这种罪恶当成权利了。

当我在森林中捡胡桃的时候，看守者从树丛里跑出来，问我在干什么。我说我在捡胡桃。

于是他说："捡胡桃？你怎么可以做这种事？"

"为什么不可以呢？"我回答，"猴子、松鼠不是都有这个权利吗？"

"你听着，"看守者说，"这片森林并不是没有主人的，这是公爵的森林啊。"

"喔，是这样吗？"我说，"请向公爵致意！对自然而言，公爵和我同样都是人。关于自然所长的东西只有这样的法则存在：先来的人就可以先捡。假如公爵需要胡桃，那就请他利用一点空闲来捡吧！"

——斯宾塞

※

如同十九世纪中叶的人意识到奴隶制度的不公平，现代人也开始意识到土地私有权的不公平。

# 12
# 月

December

# 12月1日

## 女性的使命

女性不仅是母亲，也是妻子，而且又是社会的一分子。更进一步说，如同男性是神的儿子，女性是神的女儿。

奢侈的女性啊，假如有人问你，你觉得拥有洁净、健康、美丽的肉体而穿着破旧的衣服好，还是拥有残废、病态的肉体而穿戴得金光闪闪好？你要怎么回答呢？你不觉得拥有美丽的肉体比拥有美丽的服饰好吗？对肉体若能这么觉得，为什么对精神不能有同样的看法呢？一个人具有邪恶的、无知的、卑鄙的精神而想以金银的装饰来博得某种东西，那不是更加愚昧吗？

——琐罗亚斯德

无论是女性或者男性，所要遵守的道德是一样的，也就是说，两性同样都要遵守节制、正义和善。不过在女性方面，这些德性将带来一种独特的美。

——佚名

生育对女性而言是自我牺牲的学习；在自己的内心培养自我牺牲能力的女性，无论在怎样的处境都更容易发挥其德性。

——佚名

言语简单亲切是女性最好的装饰。

——佚名

你可以走一趟城市的大街，看看各种商店所卖的高价物品。而这些价格高得吓人的物品是由许多劳动者的辛勤劳动，甚至是损耗身体的劳力所制成的，但它们都是供女性使用的奢侈品（事实上没有这些东西照样可以生活的）。多么希望部分女性能了解由于自己轻浮的、不必要的奢侈所造成的危害。

——佚名

美丽的女性必须同时是正直的，因为女性只有靠正直才能抗拒由本身的美所产生的灾祸。

——佚名

不是由丈夫来选择妻子，倒是应该由妻子来选择丈夫。如果想为自己所生的孩子选择好父亲，女性首先必须了解什么是善什么是恶，这也是女性首先要学习的事。

——佚名

想模仿男性的女性，就和想模仿女性的男性一样不健全。

——佚名

没有比自我牺牲更适合女人的本性，同时，没有比利己主义更违反女人的本性。

——佚名

有些女性把自己被赐予的母性的自我牺牲精神表现在对万人的爱上面，能这样完全奉献自己的纯洁聪慧的女性真是世界上最美丽幸福的人。

——佚名

※

男性和女性一样，都要走向完美之路，也就是爱的完成。如果男性在对爱的思考与反省上有胜过女性的地方，那么女性则常常以建立在爱之上的自我牺牲胜过男性。

# 12月2日

## 勿杀生

“不要杀生”——这指的不只是对人，是对所有生物。这个戒律在《圣经》尚未写成之前就已经写在所有人心中了。

有种反对素食的论据为肉食主义者所坚信。但无论如何，当人看到牛、羊、鸡、鸭被杀的时候，一定会产生怜悯和厌恶之情。而有些人为了赎罪，便放弃了肉食的满足或营养。

——佚名

“假如你同情羊或兔子，你也非同情狼或鼠不可”，反对素食的人这么说。狼或鼠的确也是该被同情的，为防止它们对人的危害，我们正在努力寻觅杀生以外的适当方法，我们一定能找到这种方法的。至于我们对虫类所感觉到的同情即使不那么直接（就如李希登堡所说的，我们对动物的怜悯程度与动物的大小成正比），我们仍然能感觉到那一份同情，而对于防止它们的危害，我们也应该能找到适当方法的。

“但植物如何呢？植物也是活的啊，你们却剥夺了植物的生命”，反对素食的人又要这么说了。但这个理由本身正为素食论的本质下了定义，指示了素食论者真正的愿望。最理想的素食是只吃果子，也就是说只吃含藏生命的种子之外层，这些果子就像梨、桃子、西瓜、南瓜、苹果等；营养学家也证明，这些食物是最健康的食物；吃这些东西的时候，我们并没有剥夺任何生命，同时却产生如下值得注意的现象：我们因果子的美味而摘下它，由于我们吃完果肉又将种子撒回地上，植物便继续繁殖下去。

——佚名

随着人口的增加以及人类的逐渐觉醒，人应该是从吃人阶段走向吃动物，再从吃动物走向吃植物的种子或根，最后走向只吃果子这种最自然的取食方法。

——佚名

※

肉食的无知、不义和危害，无论从道德上或物质上来看，都是显而易见的事，尤其在近代更是明显。今日的肉食已不是靠理性的判断来保持，而只是由于人自古以来的传统、暗示和习惯才继续存在的，因此今日已无须对众人证明肉食的不合理性，重要的是以实际的成果去破除传统、暗示和习惯。

# 12月3日

## 颓废的现代艺术

*要有新发现、新领悟，而不只是反复咀嚼已经知道的事情才真正有新思想产生，就如要在日常生活中注入新情感才能产生真正的艺术一样。*

人的思想能借语言而与现在、过去以及未来的人沟通，人的情感则通过艺术而与各时代的人沟通。

人能以更真实、更必要的知识取代错误的不必要的知识。同样的，人也可以由艺术来达到情感的成熟，也就是，为了人类的安宁幸福，而以更重要、更高贵、更善良的情感来排除不重要的、低下的、不善的情感——艺术的使命就在于此。

——佚名

音乐和艺术都在于向人展示存在于人心中的价值和尊严。

——佚名

艺术本来是社会生活的花朵，但在病态的社会里，那花朵必然也是病态的。

——佚名

有人说，“如果要让堕落颓废的以及一切虚伪的艺术横行于世，不如让所有艺术都消失。”——这真是一个有待解决的问题。

现代从事科学和艺术工作的人都未能完成自己的使命，事实上他们也缺乏这种能力，因为他们把自己的义务当成权利了。

——佚名

※

纤细的堕落颓废的现代艺术是不健全社会的产物，在人民未觉醒的状态下会继续存在。

# 12月4日

## 神灵在每个人心中

对神与对邻人的爱便包括了全部的法则（亦即道之所在）——这是我们常听到的话。对邻人的爱是一种机会，因为邻人可能存在也可能不存在。但神是随时存在的，因此人无论在沙漠或在监狱里都可以实现神的法则，都可以去爱神同时去爱神所允许的一切现象，并且能够逐渐深刻地在自我意识中与神沟通。

马因善于奔跑而躲避敌人，因此马的不幸并非在于无法像鸡那么"喔喔"啼，而在于失去善跑的能力。

狗具有敏锐的嗅觉，因此狗的不幸是失去嗅觉，而不是无法像鸟一样飞行。

同样的，无法以暴力征服熊、狮子或凶猛的人，并非人的不幸，人的不幸在于失去神所赐的至宝——善与理性，这样的人才是真正的不幸，真正值得怜悯。

人的死或金银财宝这一切身外之物的丧失都不是可悲的事，人的可悲之处在于失去人真正的财宝——作为一个人的尊严。

——艾皮科蒂塔斯

现代人都忘了自己该做的第一件事是虔诚对待自己内在的神圣的灵性。人类最崇高的本性乃在于每个人都能在自己的内心与最高智慧的泉源沟通，而且也具有与无限的精神生活融合的能力。尽管如此，人却不直接从这个泉源去吸取精神的养分，而宁可像乞丐那样为一瓢死水互争。

——爱默生

在我们之间，即使是最可怜、最贫弱的人仍然具有某种天赋的能力；这种能力无论看起来如何平凡，仍然构成其独特性，而且如果运用得当，对人类也是一种贡献。

——罗斯金

※

除了对邻人的义务之外，每个人还有作为神之儿女的对自己该尽的义务。

# 12月5日

## 理性的特征

人类存在得越久，越能摆脱迷信，越能明确认识人生的法则。

现代真是个批判的时代，一切都逃不过批判这一关。但宗教与法律总想逃过它，前者是借神圣的力量，后者则借其外在尊严的力量。

但这样做必然招来人们的疑惑，无法获得预期的尊敬，因为理性只对经得起自由而公然的考验者表示尊敬。

——康德

传教士在印度为基督教的普及而努力，但基督教是否能带给印度人前所未有的好日子？是否能带给印度人比他们目前所拥有的或不知从多久以前就一直存在的力量更大的智慧和精神力？基督教是否比婆罗门教对全能的神更具高远的想象力？与亚当、夏娃一同逍遥伊甸园中的神，因人的卑下而愤怒的神，因人的过错而咒人的神——这样的神高过我们想象中支配着无限世界并在全宇宙表现其意志的、肉眼所看不到的、全能的神吗？对基督的神性以及它的升天、复活、赎罪的牺牲等信仰又如何呢？这不是让至高至大的存在者卷入死亡的领域中而构成对神的冒渎吗？有比这样更盲目的事吗？假如印度人一定要相信升天的事，为什么不能相信他们的护持神或喇嘛的升天，而唯独要相信基督的升天呢？

但如果按照人类真正的经典所记载的，神是不具肉身的，并不是由诞生而存在的，因此也不可能有升天这回事。关于复活的说法也不过是一种神话，坟墓是绝对不可能让死人复活的——假如那是真正的死人。而关于赎罪的教训与正义的根本意义是矛盾的。

——露西·马洛丽

对一切加以检讨、研究，给予理性最重要的位置！

——毕达哥拉斯

所谓人生就是逐渐深而广地把握有关自己使命的真理，并且逐渐与这个大真理融合的生活方式。所有虚假的宗教都声称自己的教义中便有现成的、完全的真理，而且也有顺应这个大真理而生活的方法（信仰、牺牲、祈祷、慈悲等），因此既没有重新探求真理的必要，也没有努力改善自己生活的必要——

虚假的宗教这么说。这是多可怕的事！

——佚名

※

不用担心理性破坏了一般人所建立的传统，其实理性并未破坏任何东西，它只是以真理取代了虚假——这就是理性的特性。

# 12月6日

## 谬　误

人陷于谬误往往不是因为想法不正确，而是生活方式邪恶的缘故。

若只是无知还不致产生恶，“谬误”才会带来毒害；人也不是因为具备知识而犯错，而是因为以不知为知而犯错。

——卢梭

所有的谬误都会带来毒害，没有所谓无言的谬误，更不可能有所谓美丽的神圣的谬误。

只有真理是安全的，而且只有真理是确实的，是可靠的；只有在真理之中存在真正的慰藉；只有真理是不可破的金刚钻。走出虚伪并非有所失，而是有所得；知道虚伪之为虚伪，便是真理。谬误经常伴随着毒害，违背真理者迟早会有祸事临身。

——叔本华

一个人走出谬误之谷则意味着其有所得，而非有所失；意识到某种虚伪也就是已经意识到了真理；谬误经常造成祸害，谬误将毒害陷于谬误中的人。

——凯姆比斯基

我们都是以自己的观念来看这个世界的；我们并不以世界原来的样子来看它，而是在我们的观念所加给的色彩背后来看它。如果以厌恶之情对待世界，就同戴上墨镜所看到的世界那样，是一片阴暗的。

——露西·马洛丽

人类的劣根性之一就是唯我独尊，只顾自己的幸福。但只爱自己的人是不幸的；他想伟大却发现自己的卑微，想幸福却发现自己的不幸，想完美却发现自己处处不完美，想获得别人的爱与尊严，却发现别人因受不了他的缺点而背叛他，并引起别人对他的轻蔑。发现自己的愿望落空，这样的人将陷于更深重的罪恶中，也就是说，他会开始憎恨违反己意的真理，他会想破坏这样的真理，假如他做不到，他就尽可能在自己心中以及别人眼前歪曲真理，他是想以此方法来向别人和自己隐藏自己的缺点。

——巴斯噶

每个人的内心都会发生灵与肉之争，因此所有的人都可能陷于同样的谬误之中。大多数人互相以谬误为真理，在谬误中建立他们意见的基础。

——佚名

想完全重新生活是困难的；老是想重新再来生活的人是生活方式有问题的人。

——塞内加

※

给饥饿的人食物，给受冻的人衣服，给病人床位和慰问——这一切无疑都是善事。但最大的善事莫过于让同胞走出谬误之谷。

# 12月 7日

## 如果一粒麦子不死

世界上的一切事物都在变化中，而且是画着圆周移动；人类也是如此变化的，但我们却无法看到人类所画的大圆周，因为虽然自己也参与其事，我们却只是圆周上的一点而已。

我实实在在地告诉你们，一粒麦子不落在地里死去，就仍旧是一粒；若是死了，就能结出许多粒来。爱惜自己生命的，就会失丧生命；恨恶自己生命的，将会保守生命到永生。

——《约翰福音》12：24～25

生命不断变化其外观；只有不能深入观察事物的愚昧无知的人，才会在生命失去某一种形式的时候，认为是世界的末日。其实生命某一种形式的丧失是为了表现另一种形式的，毛毛虫不是消失其形式而变成蝴蝶的吗？小孩子不可能永远是小孩子，小孩子的面貌消失后将以青年的面貌出现，动物性存在体消失后将以灵性存在体出现。

——露西·马洛丽

万物生长开花后便又回到它们的根源，回到根源是表示宁静，表示与自然的合一。

（原文：夫物芸芸，各复归其根，归根曰静，是渭复命。）

——老子

你为什么对变化感到恐惧呢？世上的一切不是都由变化造成的吗？变化是大自然最重要的本质。没有柴火的变化，水就无法烧开；食物没有变化就无法成为营养；这个世界的生活不外乎变化一事。我们要记得，等待着我们的变化只是自然界不可避免的现象，我们只要按照自然所指示的去行动，绝勿做违反人性的事。

——奥勒留

我们不是刚从过去某一种状态复活吗？在那个状态中，我们对现在的了解比现在我们对未来的了解还要少。如同我们过去的状态与现在有关，现在的状态也与未来有关。

——李希登堡

橡树的果子是什么呢？那不是除去枝、叶、干、根的橡树吗？不是除去种种形式、特征而集中力量于其本质和根源的橡树吗？橡树的果子不是一度失去的一切又能复得的本质未变的橡树吗？它所失去的只是外在的一切。返回自己的永恒性便意味着死，但死不是灭亡，而是回到自己的本性。

——爱弥尔

※

死是与我们灵魂相连的形式之变化；形式以及与此形式相连的东西是不能混淆的。

# 12月 8日

## 人生的本质

实现神的法则是人生的本质。

死与痛苦之所以为不幸，是因为人把肉体的动物的法则当成了人生的法则；当人下降到动物的阶段，才会为死与痛苦而忧心；死与痛苦从四面八方威胁着他，追赶着他，逃脱的唯一道路就是跟从自己的理性原则并过爱的生活。死与痛苦是人本身所犯的有关自己生命法则的罪恶。对于遵守真正法则而生活的人，并没有死与痛苦存在。

——佚名

义务的意识与生活的享乐并无任何共同之处；义务的意识有它本身的律令和它本身的裁决；尽管我们借着义务与享乐的互相混合麻醉痛苦，两者也会立刻分开，即使不分开，义务的意识也不再表现任何作用。

——康德

当健康、喜悦、挚爱、新鲜的感觉、记忆、体力等离我们而去的时候，我们该做的是什么呢？当太阳冷却，生活不再吸引人的时候，我们该做的是什么呢？发疯吗？还是僵化？其实答案应该只有一个，就是尽自己的义务。我们要能经常感到良心的和平，并在自己的岗位上保持谦让态度，努力做到自己该有的样子，除此之外便是属于神的事。而即使神圣的至善的神不存在，贯穿一切事物的伟大法则也应该是存在的。无论如何，义务是在解开秘密，是人类的希望之星。

——爱弥尔

※

对于神的法则，我们或许可以从传统（所有的宗教）来认识，但当我们不为情欲和虚伪的思想所蒙蔽的时候，则可以通过自我认识来了解，我们也可以由实际生活的需要来认识。任何情况下，能让我们精神上获得自由与幸福的法则，便是神的法则。

# 12月9日

## 谈爱国心

人的使命是对众人服务；而不是只为一部分人服务，对其他的人则以恶相待。

对于现代的基督教徒而言，对国家的爱妨碍了他们对其邻人的爱。如同古代人因为对国家的爱而牺牲了对家庭的爱一样。

——佚名

有不少人未能努力去了解自己生命的意义，假如他们的盲目是不自然的，那么一边信神一边过邪恶生活的人的盲目就更严重了。

——巴斯噶

假如人失去了自己真正的天性，就会只以方便的事物为其天性。同样的，假如人失去自己真正的幸福，就会渐渐只以方便的事物为其幸福。

——巴斯噶

爱国心在现代成为社会以及个人为其丑行辩解的工具。我们总是被嘱咐：为了国家的安宁与幸福或国家的尊严，你必须否定自己的一切；为了爱国心，无论多么可耻的事，你都必须服从。

——毕奇尔

人为了私利而有许多恶行，为了家庭又可能行更多的恶，而最严重的恶行，如外交上的狡猾、间谍、贿赂、死刑、战争等，则往往建立在爱国心之上，这种德性甚至常常被过分夸示。

——佚名

全世界的人都必须和平相处的今日，是不应该再教给国民只爱自己的国家，对其他国家则随时准备攻击和防御。只对自己的国家抱有特殊的爱、只把自己的国民团结起来的做法，与现代各民族已经借着交通、贸易、工业、科学、艺术以及道德上的自觉而走向大融合的努力是背道而驰的。

——佚名

对国家的爱和对家庭的爱同样都是人的自然本性，但假如超过其限度而破坏对邻人的爱，那么两者就都不是善行，反而变成罪过。

——佚名

※

对现代人而言，爱国心只能由外在的暗示或唆使而被唤起。

# 12月 10日

## 恶存在于自己心中

能导致人大不幸的最常见的诱惑之一，就是在“大家都是如此”这句话中所表现的诱惑。

这世界有祸了，因为有绊倒人的事，绊倒人的事是免不了的，但那绊倒人的有祸了！倘若你的一只手或一只脚让你跌倒，就砍下来丢掉吧；你缺一只手或一只脚却进入永生，要比有两手、两脚反而被丢在永恒的火里要强得多。倘若你的一只眼叫你跌倒，就把它挖出来丢掉；你只有一只眼却进入永生，要比有两只眼反而被丢在地狱的火里要强得多。

——《马太福音》18：7～9

假若一个人的手未负伤，他碰到蛇的毒液也没有问题；健全的手，毒液对他并无危险。自己不制造恶，恶对他就没有毒害。

——佛陀

没有人把新布补在旧衣服上；因为补上的新布，反而带坏了那衣服，破得更大了。也没有人把新酒装在旧皮袋里；若是这样，皮袋就裂开，酒漏出来，连皮袋也坏了；唯独把新酒装在新皮袋里，两样就都保全了。

——《马太福音》9：16～17

假如一个人从某种罪恶中被释放出来反而感到痛苦，他必濒临极大的危险；人一开始虽然对自己所犯的罪恶感到惭愧，后来却反而为脱离它而感到痛苦，因为以世俗看来这等于毁身；未能在犯罪的最初阶段停步的人，会一直走到最后阶段。

——巴克斯特

当你发现有人对你表示特别尊敬的时候，你必须无视它，忽略那些称赞的话；因为表面的光荣具有歪曲理性的力量。假如你相信自己所做的全部都是值得受人尊敬的，那么你是陷在何等可怕的欺骗世界！

——奥勒留

有一个老人曾经面临种种恶的诱惑。他苦思着：“为什么神容许世界有恶的存在？”并且因之对神有所谴责。

有一次他做梦，梦到手上拿着美丽花圈的天使从天而降。天使正在寻找值得戴花圈的人，老人心里一阵沸腾，向天使说："什么样的人才值得戴那美丽的花圈？为获得这份奖赏，我愿意做任何事！"

可是天使手指着北方说："看这边！"老人朝那方面看到一大片黑云，黑云遮盖了半边天，并向地面低垂下来。突然黑云从中间分开，跑出一大群黑人向着老人移动。而在他们背后则站着一个巨大可怕的黑人，他以巨大的脚踩着大地，毛茸茸的脸上有一对可怕的眼睛炯炯发光，他张着鲜红的嘴，昂首向天空站着。

"跟那一群黑人搏斗吧！如果你征服了他们，我就把花圈戴在你头上。"

老人惊骇万分地回答天使："我可以和任何东西搏斗，可是那个脚踩大地、昂首站着的巨人不是人的能力所能对付的，我怎么跟他搏斗呢？"

"你是个呆子！"天使说，"你因怕那个大黑人，连小黑人也不愿与之格斗。但所有这些小黑人就是人的情欲啊！你可以去征服它们的，那个大黑人是世界的恶之集大成。你虽然因为那个大黑人而埋怨神，但你并没有和他搏斗的必要，也没有怕他的必要；那其实只是个空虚的东西。跟你自己的情欲格斗吧！假如每个人都能这样做，所有的恶必将从世界上消失。"

——传说

假装羞耻是恶魔喜欢用的武器；恶魔借着它，可以比借假自尊达成的目的更多；假自尊能鼓吹恶，假羞耻则能麻痹善。

——罗斯金

※

这个世界本来并没有恶存在，恶全部都在我们自己心中，因此恶是可以消除的。

# 12月11日

## 农耕是最自然的工作

在所有的劳动之中，最可喜的是农耕。

民众了解真理的时日终会来到，虽然这些真理是人类的导师老早以前就已经了解的，但最后必定为民众所了解。人类最基本的善德是认识自己的不完美，以及服从“至高存在者”的法则。“你是尘土，你终归要化为尘土。”——这是我们所知道的关系自己的第一项真理。第二项真理则包含在“耕作土地是我们最重要的义务”这件事情当中；在这种劳动以及我们因之而与动、植物所建立的关系之中存在着让我们的才能以及幸福得以发展到最大限度的基本条件；除去这种劳动，我们无法想象有关人类的和平，也无法想象人在头脑和心灵各方面的发展。

——罗斯金

在市场买谷物的人我们可以把他比作没有双亲的婴儿；虽然有很多人给他奶吃，他还是不得满足；一个人吃自己耕作的谷物，就如同婴儿吃母亲的奶。

——《犹太法典》

真正最好的食物是你或你的孩子们辛勤耕作所得的食物。

——穆罕默德

如经上所记载，所有的劳动者有一天都将回到田间来耕作。

“所有掌舵的人，所有航海的人，都要从自己的船上下来，定居于陆地。”

——《以西结书》

“流着汗水耕作自己的谷物吧！”这是不变的法则，女人必须生育，男人则必须劳动。女人有女人的一份使命，自己生的孩子若不自己养，而由别人代养，她必定失去当母亲的喜悦；关于男人的劳动也是如此，假如吃的食物不是自己辛勤耕耘所得，男人便失去劳动的喜悦。

——邦达列夫

靠自己双手的劳动维生的人，比徒然以祭神为自豪的人更值得尊敬。

“学习蚂蚁的勤劳吧！”被如此忠告已经够惭愧的了，但如果不听从这个忠告，则是双重的惭愧了。

——《犹太法典》

※

农耕是适合人的最自然的工作，而且是最能给人幸福、最能让人独立的工作。

# 12月 12日

## 善能征服一切

善能征服一切，但没有任何东西能征服善。

你可以对抗任何东西，但善是不可抵御的。

——卢梭

能为个人生活以及全人类生活带来和谐的并不是对恶的谴责，而是对善的发扬。

过于敏感的人才会责备恶，但这样做本身就是恶——恶之中的极恶；因为责备恶只会让恶逐渐扩大，但如果忘掉恶，只发扬善，便能让恶消失。

——露西·马洛丽

为完成自己的义务而尽力的人，是一个具有博爱精神的人，也就是对全人类的幸福怀着希望的人。

由于自己尽义务的力量太薄弱而感到惭愧的人，其实已经具备尽义务所需要的精神力量。

——中国箴言

道德无法脱离宗教而独立，因为道德不仅仅是宗教的结果——宗教指的是人类所认识的人与世界的关系，而且道德本身已经包含在这种关系之中。

——佚名

火把面对太阳的时候便黯淡无光，同样的，智力（即使是天才）或美面对善的时候也会失去光彩。

——叔本华

无限的和善是所有真正伟大人物所拥有的天赋和至宝。

——罗斯金

极柔弱的草木竟然能突破坚硬的地面，钻出岩石的裂缝，以开拓自己的前途；善也有同样的情形，善良而真挚的人所拥有的力量不是铁锤、战斧等所能比的，他们的力量是不可抗衡的。

——梭罗

只要有人存在的地方必有行善的机会。

——塞内加

我们平常所爱的是我们合意的人，或称赞我们、善待我们的人，但这并不是真正的爱，这是偏爱或利益的交换。他称赞我们，我们也称赞他；他善待我们，我们也善待他——在这种情感之中，虽然毫无恶的成分，但这并不是真正的爱，不是神的爱。若怀着真正属于神的爱，那么我们爱一个人并不是因为他合我们的意或因为他善待我们，而是因为我们发现他的内心也和别人的内心一样都存在着神灵。

我们这样爱人的时候，才能像基督所教的不只爱可爱的、爱我们的人，也爱邪恶的、对我们和世界有害的人，以及我们的敌人。而且这种爱并不因为别人的邪恶、别人对我们的憎恨而消失，相反的将因而更加巩固。更进一步说，这种爱之所以比上述的偏爱巩固，是由于这种爱并不因我们所爱者的变化而有所改变。

——佚名

※

以善言回答恶言，对毁谤你的人报以爱心，这是消灭恶的最好方法。

# 12月 13日

## 信仰表现在行为上

真正的信仰必与实际生活上的行为相一致，任何情况都不会跟它有所冲突。

我的弟兄们！若有人说自己有信心，却没有实际行动，有什么益处呢？这信心能救他吗？若是弟兄或是姊妹赤身露体，又缺少日用、饮食，你们中间却有人对他们说，平平安安地去吧；你们穿得暖、吃得饱，却不给他们身体所需用的，这有什么益处呢？这样，若有信心却没有行为，就是死的。必有人说，你有信心，我有行为；你将你没有行为的信心指给我看，我便借着我的行为，将我的信心指给你看。……身体没有灵魂是死的，光有信心没有行为也是死的。

——《雅各书》2：14～18、26

爱基督教本身胜于爱真理的人，不久便爱自己的教会或自己的宗派胜于爱基督教，最后则变得只爱自己一个人。

——勒律治

实际上尊崇神的方法只有一个，那就是尽自己的义务，或者说根据理性的法则去行动。

——李希登堡

白天必须好好过，以便夜里睡得安稳；青春时代必须好好过，以便老年过得平安。

——印度俗话

为世俗的荣誉或伪装的神圣而做的信仰上的努力，是没什么价值的，那是从人内心的卑鄙欲求产生的。忏悔或苦行有时候是虚伪的教义所提倡的。但肉体的忏悔必须是从情欲归于纯净，言语的忏悔必须是经常怀着善心讲真话，思想的忏悔必须是自我约束，让精神净化，默默走向善。

——摩诃婆罗多

把宗教放在次要位置的人，其实是完全没有宗教情怀的；神丰富了人心，我们能把神摆在次要的地位吗？这样做的人其实是没有给神任何地位的。

——罗斯金

我们虽然不了解个人以及全世界生活的终极目标，如同搬运建筑材料的工人不了解正在建造的建筑物所负之使命，但我们却能了解自己所参与的工作是一份正确的、合理的、美丽的、对自己以及全世界都必要的工作。

——佚名

※

不要相信自己和别人的话，要相信自己和别人的行为。

# 12月 14日

## 人的心灵就是神的光

人的心和神指的是同一件事。

人的心在于反映神的光。

——佚名

人与神合而为一乃意味着神就在人的心里；十七世纪的神秘诗人安格尔斯说得好："我看神的眼睛和神看我的眼睛是同一双眼睛。"

——爱弥尔

有一次河里的鱼讨论着："听说我们是不能脱离水而生存的，可是我们从没见过水，不晓得水是什么样子。"这时有一只较聪明的鱼说："听说海里住着一只非常聪明而有学问的鱼，它对什么都一清二楚，我们一起出海去，问它水究竟是怎么样的一种东西，请它把水指给我们看。”于是鱼群出海找那一只聪明的鱼。当它听到鱼群的来意后回答：“你们就活在水中，你们正是靠水维生，却说不懂水是什么。”

同样的，人就活在神之中，人就靠神而生活，人却说不懂神是什么。

——苏非

乘着思想的翅膀飞上高空的人，看到的总是一片青天——太阳总在云层上面照耀着的。

——佚名

神的心抓住我们的心，并渗透我们的心。我们未见神，因为神太接近我们了，因为神在我们内部藏得太深了，以致无法升到我们的意识上来。神之所以这么接近我们，不仅是为了让我们认识它，同时也是为了让它支配我们的行为，对我们产生影响，并将它的讯息传递给我们——这里就存在着慈父般的神赠送给我们的礼物。

——柴宁

如果你有所不满、有所恐惧，那是因为你未能相信存在于你心中的属于神的爱，假如你相信神，就没有任何不得满足的愿望；因为存在于你心中的神之愿望，通常都是可以达成的。

假如你相信神，你也将无所恐惧；因为对神而言，没有任何东西是可怕的。

——佚名

假如拿我们的力量与自然的力量相比较，我们不过是命运的玩物。但当我们认识到心中的神灵时，我们就能获得平静与喜悦。

——佚名

我们心灵的本性是深远的，因此无论我们怎样努力试图认识它，无论我们给它下怎样的定义，都无法正确把握它。

——赫拉克力特

※

无论任何事情向你袭来，只要意识到自己与神的合一，你就不可能陷于不幸的境地。

# 12月15日

## 真　理

虽然真理并不是神本身，但我们必须通过真理认识神。

只有谬误才需要人为的支柱，真理通常是不需要什么依靠的。

——佚名

所有的幸福与认识真理的幸福比起来都显得微不足道，所有的喜悦与认识真理的喜悦比起来也显得微不足道；认识真理的幸福与喜悦是无与伦比的。

——佛陀

真理是一切存在的根源，没有真理的地方便什么都不存在，因此圣人见到真理的时候便如获至宝。真理指的不但是爱，也是睿智，是真正的道德，是外在世界与内在世界合而为一的基础；即使没有人注意它，它本身也绝不会失去其意义。

——佚名

错误只能维持短暂的时间，真理则从过去到未来一直都存在，而且是通过所有的困难、疑惑、诡计、虚伪而存在。

——佚名

人到目前都还不是完全诚实的，因为人在心里经常有各种各样的冲突矛盾存在。

——佚名

没有不犯错的人，也没有完全诚实的人；人的差异只在犯错与诚实的程度之不同；有些人一直在往无错与诚实的境界精进，有些人则缺乏这种精神。

——佚名

※

不断地学习实践真理、说出真理、思考真理是非常重要的；要判断一个人是否接近真理，可以通过看他是否开始学习这些事情来决定。

# 12月 16日

## 培养人与人之间的爱

只有在人与人之间加强爱，才能改善目前的社会制度。

生物虽有互相残杀的倾向，但同时也能互爱互助。生活并不是靠破坏的激情来维持，而是靠互助合作的情感，也就是“爱”来维持。

我们在整个世界生活的发展中能发现互助合作的原则，而历史就是所有生物和谐相处这一唯一原则逐渐明朗化的过程。

——佚名

“爱”是个危险的字眼；人往往以爱家庭的名义行恶，以爱国家的名义行更大的恶，以爱人类的名义行最大的恶。爱无疑能赋予人生意义，但真正的爱究竟存在于何处却是古来圣贤不断在解决的问题。但他们的解决办法往往是消极的，也就是说，他们指示给我们：被误称为爱的，或戴着爱的假面具的并不能算真正的爱。

爱能给予我们这个疲惫而又破旧的世界以新面目；爱能温暖我们的心。将来有一天，赤子的纯真的力量必能战胜所有的外交手段和军事装备。

——佚名

爱的力量虽然曾经为人类社会带来很多好处，但却逐渐被人遗忘、抛弃；历史上确实可以找到几次因爱的力量而获得极大成就的例子，但已被人遗忘。但愿将来有一天，爱能成为人类生活的共同法则，让所有的不幸随之消失。

——爱默生

虽然教给人对想象中的圣物如圣餐、圣体、圣经等的尊敬是做得到的，而且目前也正那样做着，但比这更为重要的是，不但要教给儿童及普通民众想象中的事物，而且要教之以最真实的事物，也就是教给他们人人都能了解的、愉快的互爱之情，这种时日一定会来临的，基督就是为了等待它而忍受一切苦恼；终有一天，世人将不再夸耀自己能以暴力左右他人并左右他人的劳动，不再以激起他人的恐惧和嫉妒之情自喜，相反的，却以自己能爱众人而自豪，而且即使有人伤害我们或控制我们，我们仍然会以能脱离一切邪恶而感到喜悦。

——佚名

区别人类行为的善恶有一个绝对可信的标准：促使爱成长、促使所有人融合在一起的行为就是善，让人产生敌意、让所有的人互相叛离的行为就是恶。

——佚名

※

以和谐、宽容、爱代替敌对、战争、刑罚、憎恨的时代是非要来临不可的。因为大家都已经晓得憎恨之情无论对精神还是肉体、无论对个人还是社会，都是致命的毒素；相反的，无论对个人还是全体人类，爱都能给予内在和外在的幸福。当然，是否走进这样的时代，完全根据我们的行为来决定，换句话说，那是我们的责任。

# 12月 17日

## 生命的融合

认为个体可以离开群体而存在的想法，是从时空中的生活诸条件中所产生的错觉。越能摆脱这种想法，我们就越能意识到自己与其他生命的融合一致，我们的生活会逐渐变得安宁愉快。

身子原不是一个肢体，乃是许多肢体。设若脚说，“我不是手，所以不属于身子”；它不能因此就不属于身子。设若耳说，“我不是眼，所以不属于身子”；它也不能因此就不属于身子。若全身是眼，从哪里听声音呢？若全身是耳，从哪里闻味道呢？眼不能对手说，我用不着你；头也不能对脚说，我用不着你。不但如此，身上被认为较软弱的肢体，更是不可缺少的。若一个肢体受苦，所有的肢体就一同受苦；若一个肢体得荣耀，所有的肢体就一同快乐。

——《哥林多前书》12：14～17、21、22、26

即使你愿意，你的生活也无法脱离人类，你毕竟要活在人类之中，为全人类，也依靠全人类而生活。我们大家就像手、脚、眼睛那样，是生来就必须共同协力的；大家互相叛离是违背自然的；怒目相视、彼此疏离都是违反自然的行为。

——奥勒留

所有真正的慈悲，见到别人有困难而能超越利欲由衷地伸出援手——若追溯这种行为的根源，我们不能不说那是一种神秘的行为。严格地说，那是一种实践的神秘行为，因为一切真正的神秘的本质就是由这种行为所造成，这不是其他说明可以说得清楚的。当别人有需要时，能很自然地给予一臂之力的慈悲，实际是建立在如下的原因之上：面对求乞的眼光时，他能立刻晓得别人的事无异于自己的事，或者说他能立刻意识到自己与别人的不可分割。

——叔本华

跟树干相连的枝子被砍下来后，便和整棵树的一切隔开了。同样的，跟别人不和的便和全人类疏离了。可是树枝是被局外人砍下来的，而人则由于自己的憎恶或怨恨之情而离开邻人，实际上这也等于跟全人类疏离，但人却从未注意到这一点。好在希望人类和谐相处的神也赐给人在失和之后还能和解的自由。

——奥勒留

每个人与其他所有人是一体的意识，在我们的内心以爱来表现。爱能扩充我们自己的生活；我们越是爱别人，生活便越广阔、充实和喜悦。

——佚名

神创造天地，但天地并未感觉自己存在的幸福。而神造人则把人造成一体，并让他们意识到自己的幸福。每个人只是整体的一部分；为过得幸福，每个人必须让自己的意志与统御所有生命的普遍意志合而为一。但人往往把自己看成全部，却看不到自己所依据的那个整体；人认为自己所依据的就是自己，并且想以自我为中心、为全部。但这样做的人就如同脱离身体的手脚，就如同在本身之中找不到生命的根源，又如因不了解自己的本体而迷失、惊恐的肢体。

但终有一天人会了解自己的意义；人会回到真正的自我，了解自己并非全部，自己只是整体的一部分。而所谓一部分，指的是通过全体的生活和为了全体的生活才可能有自己的生活，脱离全体的“部分”只是走向毁灭的生命；同时也意味着，若不是为了全体，爱自己便无法成立，更确切地说，因为真正的生命只能存在于全体之中，只能通过全体而存在，因此只有爱全体才是真正的爱自己。

只因为自己是构成全体的一部分，我们才不能不爱自己；换句话说，我们必须以“自己是全体的一部分”这一层了解来爱自己。

身体是爱着手、脚的；假如手、脚有意志，它们必须像身体爱着它们一般爱自己；但它们同时必须服从于身体才能维持秩序，超出这个范围便会导致零乱与不幸；祈求身体的幸福，手、脚才能获得各自的幸福。

我们身体的各部分并未感觉到彼此的融合以及神妙的大和谐，并未感觉到自然为保持这个大和谐、为让各部分成长和存在曾经花费多么大的心血。假如身体各部分各自获得智慧，以致自己所得的养分都留给自己而不传给其他部分，不但不仁义而且必招致不幸；彼此不再互爱，而是互憎。无论如何，他们的幸福应该是在他们的义务中，也就是在与他们所属的、比他们爱自己更爱他们的一种精神活动之大和谐中。

——巴斯噶

※

当你为难解的问题而苦恼的时候，必须想到你自己只是健康身体中出毛病的手、脚或牙齿，必须向全身求助。全身是神，那手、脚或牙齿就是自我。

# 12月 18日

## 努力走向完善的境界

人类是要不断地走向更完善境界的，但人绝不可能坐享其成，那必须靠每个人追求自我完成的努力来达成。

常听人说：为改善人生、根除邪恶、建立正确生活所做的努力全部都是枉费的；一切顺其自然，人类自然就会向前迈进。但这种论调和下面的情况是一样的：大家一起坐船前进，划桨的人已经先上岸了，留在船上的人还悠闲地认为："刚才船不是一直在动吗？它应该会继续前进的。"他们并无意自己划桨。

——佚名

人在世界上不可能常处于休止状态；人生是有个目的的；人必须走向那个目的，但这绝非可轻易到达的，所以说人不可能也不应该常处于休止状态；安闲无事或停滞不动是不道德的。我虽然不敢断言人生的目的在何处，但无论如何人生是有个目的的；没有目的，人生便失去意义。认为人生没有目的，就等于否定神，不仅如此，而且等于把人生当成邪恶而低劣的游戏了。

——马志尼

人类的全部历史都在证明如下的不容置疑的事实：人并不是靠理论上的思考研究，而是靠默默的服从来了解神的；只有服从神的命令，人才能明白看到世界上所存在的永恒秩序，也才能了解神的意志。

——罗斯金

只有我们人类才有可能把正义引入世界；存在于外界的自然力是不可能为我们实现理想的；除了有自觉能力的人类本身，没有其他东西能为我们完成任何事。

——希其兹基

假如我们认为，所有事物除了现在的样子不可能变成其他样子，这等于在保持一个了无生趣的陈旧世界。我们只有放弃此种想法，才会有力量参与事物的改革。

——索鲁达

大部分人的生活中都非常缺乏思想；大部分人都把自己的

力量浪费在生存竞争或争名夺利上，因而失去思考的时间，只是糊里糊涂地接受现有的东西。正因为如此，社会改革的问题才显得那么困难，路才那么难走。也因为如此，最先挺身拥护真理的人才招来上流社会的嘲笑以及愚昧大众的诅咒，更因而被放逐，被折磨，被披上受难之衣，被戴上荆棘之冠。

——佚名

※

在社会改革运动的参与中，无论你所做的是多不显眼、多微小的事，多多少少都是有好处的；因为把多数人的小小努力集中起来，便能走向理想的幸福境界。因此即使在没有人看到的地方，即使没有竞争对象或并行的人，也要不自欺欺人地做自己该做的事。

# 12月 19日

## 幸福伴随善良的生活

真正的幸福通常就在我们手中，如影随形般跟随在善良的生活之后。

我们能借一些东西而成为更好、更幸福的人；神就把那些东西摆在我们眼前或附近。

——塞内加

没有绝对不生病的顽强身体，没有绝对不失去的财富，没有绝对不动摇的权势；所有这一切都是脆弱的、善变的；把生活的目的寄托在这上面的人，通常是不安的、惊恐的、悲哀的、苦闷的；这些人永远不会满足，他们总是掉到自己想回避的陷阱里。

只有人的灵魂（精神）比任何要塞都安全，然而为什么我们总是不遗余力地去削弱这个唯一的安全所在地的力量呢？为什么我们尽做些不为精神带来喜悦的事？为什么唯一能带给心灵和平的事反而被忽略了？

我们忘了只要良心清净便没有任何东西能伤害我们；我们也忘了所有的争夺和敌意都是由于我们的无知和卑贱的欲望而引起的。

——艾皮科蒂塔斯

一个人若能以心灵的成熟为生活的目的，就不会有任何不满的事，因为他所想要的都存在于他的能力之中。

——佚名

幸福，真正的幸福，就是善行本身。

——斯宾诺莎

不了解真实生活的人总是为生存竞争、追求享乐、逃避苦恼以及拖延不可避免的死而耗尽心力。但追求享乐的结果只有加强争夺、加强苦恼，而且更接近死亡。为逃避死亡的逼近，这些人只晓得一个方法，就是不断增加享乐。但享乐是有界限的，超过界限，享乐反而变成痛苦，反而充满对死亡的恐惧。

对不了解真实生活的人而言，不安的主要原因是：他们认为快乐不是可以平等分配给每一个人的，因此必须以暴力向别人夺取。这么一来，期望全人类幸福的心愿，也一样被他们摧毁了。

然而这个心愿正是爱的根源；只有它能真正为人类带来幸福；夺取之乐与爱正好背道而驰。

——佚名

外在世界的障碍对人类坚强的精神不可能有所损害；坚强的精神不可能因外在世界的障碍而受伤或减弱。兽类在碰到障碍的时候会变得非常凶猛，对具有坚强精神能承担一切的人而言，所有的障碍只会更增加他在道德上的美与力量。

——奥勒留

一切都是神所赐予的，因此一切都是幸福的；不幸完全由于我们的短视所致。

——巴斯噶

幸福的精神状态有两种：就是心灵的平安（纯净的心），以及心中常乐。前者只有在问心无愧以及感悟尘世幸福之微不足道等条件下才有可能达成；后者是自然所赐的礼物。

——康德

无论命运之手对我们是否残酷，我们都可以把人生的每一刻过到最好——这就是生活的艺术；对具有理性的人而言，这是真正的财宝。

——李希登堡

默默行善吧，不用刻意让别人知道。但你所行的善，即使你想忘掉它，它也绝不会消失。

行善是达到幸福状态的唯一可靠的方法。

——佚名

人生最实在、最纯粹的喜悦只有在精神平静的时候才能获得，而不是在波涛万丈的时候；只有在没有良心的苛责时才能产生。

——罗斯金

※

若一边行善一边还感觉得到自己的不幸，那是因为自己所行的善并非真正的善，同时因为自己的心中并未与神相通。

# 12月 20日

## 教会的邪恶

教会的邪恶使得在人间实现“理想国”的希望显得非常渺茫。但愿基督教的真理有一天终能拨云见日。

基督所讲的真正的宗教必须从以基督为名的似是而非的宗教中解放出来；当我们了解构成《福音书》的根源与基础的时候，就无法不支持它。

乡间微弱的照明或提灯行列的烛光在伟大的太阳光前便黯淡下来。同样的，微不足道的、地域性的、偶发的、可疑的教义在真正的灵性生活之前，或在一切神所运作的伟大面貌面前也要消失踪迹。

——爱弥尔

我发现一种新的宗教，那是以对人的信赖为基础的，那是从存在于我们内心且不可能触及的深处产生的，那是能不求报偿行善的，那是相信神的根源就在人内心里的一种宗教。

——索鲁达

无论任何社会，若没有社会全体的目的和信仰便无法存在；政治上的设施只是一种状态，宗教才是其根源。在没有信仰的地方，必有强权出现，但那是不断变动的；强权只能压制人，却不能让人信服；没有宗教，某些人只能成为暴君，却无法真正培育人。

——佚名

长久以来，我们为了从自私、疑惑和否定的泥沼中找到出口而一直寻觅的就是信仰。我们的心灵在信仰中便不再为探索个人目的而彷徨；所有人由于意识到相互间的同一起源、同一终结和同一目的而得以互相结合并共同向前迈进。从荒废的人道废墟中建立起来的强而有力的信仰，得以改变现存社会的秩序；一切坚强的信仰，必然影响到人类的一切活动领域。

——马志尼

有只爱自己的人；其实这种人是满怀恨意的，因为只爱自己乃意味着憎恨别人。

有傲慢的人；这种人不能忍受和别人的平等关系，他们总想命令人和支配人。

有充满私欲的人；他们想要黄金、名誉和享乐，他们是永远不知满足的人。

有喜欢掠夺的人；这种人看到弱者便以暴力或诡计进行掠夺，弄得妇孺无限恐慌。

有嗜杀的人；他们是凡事诉诸暴力的人，他们会一边喊着同胞一边因怀疑他们所称的同胞是否反对自己的种种企图而随时杀害他们；好杀者是以同胞的血来书写自己的法律的。

有心怀恐惧的人；他们在恶面前战栗；他们一边吻着恶人的手，一边想逃脱其迫害。

所有这些人是破坏世界的人，是破坏人间的安宁与自由的人。

但如果没有一般大众的支持，这些迫害者又有什么用呢？

若他们为了让大众隶属于他们，只利用少数自甘沦于从属地位的人，那么对一般大众而言，这些少数人又具有何种意义呢？

若以睿智来建立神的世界，就不可能有专制主义的存在，但统治者却违背神的意思，建立恶魔的奸猾世界；为了让统治阶级维持他们的专制主义，恶魔教给他们地狱般的邪恶和诡计。

恶魔说："你们应该这么做：召集每个家庭中的壮丁，交给他们武器，并指示他们操纵的方法。他们会对自己的弟兄挑战，因为我会告诉他们这是光荣的事；我给他们两个偶像——名誉和忠义；而这两个偶像的法则就是绝对的服从。他们会崇拜这两个偶像，盲从这个法则；我已经歪曲了他们的理性，你们已经没什么好担心的了。”

于是民众的迫害者便按照恶魔所说的去做，恶魔也实现了和民众约定的事。

若有人对杀害弟兄的民众说：“想想以神圣之名命令你们去做的那些不义和残酷的事的恶魔！”他们会回答：“我们是不想的，我们只有服从命令。”

若有人问他们：“你们不爱自己的父母和兄弟姊妹吗？”他们会回答：“我们不爱，我们只有服从。”

若有人对他们提及神与基督，他们会说：“我们的神是忠义和名誉。”

从夏娃受蛇的诱惑之后实在没有比这更可怕的诱惑。

但愿这种诱惑不要再继续下去！

但愿不久恶魔便同民众的迫害者一起销声匿迹！

——拉梅内

我看到衣衫褴褛、饥寒交迫、收集富家宴客残肴的民众，我也看到心中燃烧着怒火、在烂醉中寻欢的邪恶粗野的民众。然而我想起的这些野兽般的面孔其实也盖着神的印子，表示他们与我们是具有同样的人生意义的，我于是把眼光投向未来，眼前便出现另一种大众的形象，即有共同信仰的、以平等与爱的锁链结合在一起的、带着市民道德的共同理想而苏醒的伟大民众。我也看到未来的民众绝不因奢侈而变得邪恶，因贫困而显露兽性，他们清楚地认识到自己的权利与义务。这时候，我内心虽然为现有的种种而痛苦，却也因未来的种种而振奋。

——马志尼

※

如果认为“教会的基督教”虽然是偏颇的，但公式化的基督教，终归还是基督教，那就完全错了。“教会的基督教”是真正的基督教之敌；对今日真正的基督教而言，那有如现场抓到的罪犯。教会的基督教是非消灭不可的，否则新的罪恶将反复不断。

# 12月21日

## 祈　祷

到了自我意识的最高顶点，人是孤独的，而这种孤独感是伴随着苦恼的。愚蠢的人会从这种苦恼中狼狈逃脱，于是立刻从高处降到低处；聪明的人则借着祈祷留在高处。

神所希望于我们的是不断在生活中实现神的意志，但生活中的利欲、情念却不断地让我们与此背道而驰。当我们意识到这一点的时候，就用一些话来表现自己对神的关系（也就是祈祷），并且努力唤起自己信赖神的强烈意识。祈祷让我们想起自己的罪过和自己的义务，并将我们从种种诱惑中拯救出来（若诱惑来临的时候能及时祈祷）。

——佚名

“具体”是有限的，因此无论做怎样的解释，神都不可能是具体的。祈祷是对神的呼唤，但我们如何呼唤非具体的东西呢？

天文学家即使知道在自己观测的视野中并非天体的星座在动，在动的是他们和天文台共同立脚的地球，他们所想研究的也仍是星球的运行，除此之外别无他法。关于祈祷也有同样的情况，神不是具体的，但我们是具体的，因此即使知道神不是具体的，但如果不是对着具体的神，我们又如何表达自己与神的关系呢？

——佚名

徒然为探求尘世生活中的幸福而疲惫不堪的人类，把衰弱的手伸向神的时候，将会体会到怎样的喜悦呢？

——巴斯噶

※

只有下面两种情形没有祈祷也可以活下去：一种是一个人完全受情欲所支配的时候，另一种是一个人将生活全部奉献给神的时候。但对于正与情欲争斗、未能尽义务的人而言，祈祷是他们的生活所不可或缺的条件。

# 12月22日

## 社会改革的凭据

有人说："社会制度的改革可以因外在形式的改变而达成。"——没有比这种想法更妨碍目的的达成了；这种错误的想法，不但不能让人们的活动有助于生活的改善，反而使人远离真正要达成的目的。

社会制度所依据的是人的意识，而不是科学。文化主要是道德的问题；假如没有对诚实、权利与义务的尊敬和对邻人的爱——总而言之，假如没有道德，一切便都是危险的，都是会消亡的。科学、艺术、工业、修辞、政治、海关等，假如没有道德，那就是没有根基的空中楼阁。只把基础建立在利害关系与恐怖武装上的国家，是不可靠而且脆弱的；只有大众的良好德性以及这种德性的充分表现才能成为所有文化的基础，而其基石就是义务的观念。默默地尽自己的义务，并且留下好榜样的人，是建立理想社会的最大助力。

——爱弥尔

思想的真正正确的方向并不在于为世俗或精神上的权力建立新法则，而在于认识每个人的个性，并发现隐藏其间的力量。朝着这种方向的思想才能对人类的进化有所贡献。事实上我们常看到有许多盲人引导了盲目而可悲的行为，这一切最后都要陷入独断、权威与道德公式的墓穴。

——叶芝

基督教与社会主义两者之间该选择哪一个——其实这完全不是问题。

这两者甚至是不能拿来比较的——两者的本质根本是不同的。

基督教所讲的是有关世界的永恒意义，有关灵性以及我们精神本质的不灭，有关人的使命，尤其由此产生的有关如何满足物质缺乏的正确方法。

社会主义所讲的是有关劳动阶级的物质缺乏问题，这不能算是关于人生意义本身的最重要问题。

我们可以提出基督教与社会主义的共同问题，但我们不能提出两者该选哪一个的问题。

——斯特拉霍夫

如果是对现存社会机构的否定，或是相信没有比现存社会状态中所存在的暴力更大的恶，则无政府主义是正确的；但如果认为可以借革命建立无政府状态，那就完全搞错了；无政府主义的理想只有在大家不再需要保护政权，并且以参与政权为耻的时候才有可能建立起来。

——佚名

我认为我们必须先成为一个“人”，然后才成为一个“人民”，我并不希望在自己的内心对法律和对善有同样的尊敬。法律并不能改善人，相反的，对法律尊敬的结果，反而使善良的人做出不义的事来。

——梭罗

我们必须了解我们所有的人都是神之子，我们来到世界上有遵守一个共同法则的使命。我们必须了解我们不是为自己而活，而是要为大家而活；人生的目的并不在于幸福的多寡，而在于自己更懂得行善，并帮助别人行善；同时我们也要了解，对抗不义与错误，不但是我们的权利，也是我们的义务。

——马志尼

无政府主义并不意味解除一切制度，只是意味着解除以强权暴力让人民服从的制度。只有解除暴力制度，人才会无法也无心建立理性所引导的社会。

——佚名

社会问题是无穷尽的。

——雨果

※

如果人人承认并遵奉强权之下的法令，那么不但不能建立真理，甚至无法减少谬误。

# 12月23日

## 睿　智

人通过睿智来了解人生所具备的永恒真理。

苏格拉底第一个把哲学从天上带下来，让它普及人间；他鼓励人学习人生、人的性情，以及有关善恶的结果。

——西塞罗

博学与睿智是难得兼备的。学者虽然知道很多事，但大部分都是不必要和站不住脚的；圣人并非知道很多事，但他所知道的全部都是自己和别人所需要的，而且这些事全部都是他确实知道的。

——佚名

人类供养着教会或国家这种寄生虫。人类若能保持精神状态的纯洁，那么如同干净健康的身体之无寄生虫，人类的寄生虫也自然会消失。

对自己的精神有所认识的人，首先必在自己内心感觉到神的根源，并领悟到自己的理性所具有的神圣意义，经常让自己之所思、所为合乎神的意思，让自己真正有资格接受神之所赐。当一个人相信自己并凭借自我意识来检讨自己的时候，会发现自己原来拥有丰富的神恩和高贵的方法，用以领受和保持睿智。

——西塞罗

未从心灵上分辨《福音书》中的主要部分和不重要部分的人，无论做怎样的批判性的研究，都无法获得真正的认识。从心灵上有过分辨的人则不需要这种研究；对他们而言，《福音书》的教导是为了生活的需要，而不是为了博学的需要。

——佚名

※

在沙漠里，一杯水比一座金山更珍贵，同样的，由睿智得来的幸福比其他一切知识更珍贵。

# 12月24日

## 精神的发展

精神的发展从幼年时代开始，便随着体力的衰退一步步走向成熟；体力的衰退与精神力的成长就如同一个是正立的圆锥体，一个是倒立的圆锥体。

和谐的成长是在沉默与平静中完成的，自然界如此，人也是如此。在喧扰中则往往只有破坏性的、罪恶的以及粗野的东西。

即使如此，却很少人了解为了精神的成长与发展，必须过平静而沉默的生活。大部分人都活在忙乱之中，独处的时候便感到烦躁与无聊。

只有在平静的孤独中，人才能感觉到强大生命力的成长。基督就说过下面的话："在你要祈祷的时候，进到自己房间里去吧！"为了实现世界的和平，这种沉默中的成长是非常必要的；平静让我们离开各种嘈杂的声音，让我们得以聆听拯救我们的清新的声音，从而达到精神的成长。

对我们而言，最重要的事情是沉潜于平静之中；沉默之声将指示我们获得自由的真理。

——露西·马洛丽

经常具备理性与洞察力并不断提升自己的人，是品德高尚的人；缺少教养的人则经常陷于无知与罪恶之中。

——中国金言

过精神生活的人，年纪越大，智慧领域便越辽阔，自我意识也越明确；而过世俗生活的人，只会随着年龄的增加而日渐脆弱。

——《犹太法典》

精神的纯熟比体力的强大更重要；破除外在的暂时性的东西反而有助于内在的永恒性的东西的成长。

——佚名

为自己精神的成长而努力吧，同时帮助别人的精神成长吧！——你便是借此来横渡生活的。

——佚名

生理的成长不外是为精神的活动（即对神和对人的奉献）储备东西；对神和人的奉献与肉体的衰凋同时开始。

——佚名

世界万物由诞生、成长、开花而后又回到其根源。归根意味着自然与和谐的安身立命，亦即意味着永恒！因此肉体的破坏并不包含任何危险。

——佚名

※

未能意识到自己内在精神生活的存在及其成长是多么可怕的事！只意识到肉体生活的人，生命很快就会走向衰竭，以致破灭。

我们应该认识自己的精神本质，并借此活下去。若能如此，我们所体会到的喜悦便不是任何东西能加以破坏的了。

# 12月 25日

## 真正的慈悲

真正的慈悲必须是附有牺牲的，而且是隐藏不露的。

你们要小心，不可将善事行在人的面前，故意叫他们看见；若是这样，你就不能得到天父的赏赐了。所以在你施舍的时候，不可故意吹嘘，像那假冒为善的人，在会堂里和街道上所行伪善的，故意要得人的荣耀；我实实在在告诉你们，他们已经得了赏赐。你施舍的时候，不要让左手知道右手所做的；施舍的事要行在暗中，神在暗中察看，必然报答你。

——《马太福音》6：1～4

勤劳的穷人才能了解慈悲的幸福，懒惰的富人无法了解这种幸福。

——佚名

慈悲从自家做起。假如你为了做到慈悲而必须离开家，那么你想做的事恐怕不能称之为慈悲。

——佚名

富人对穷人公然表示的援助，即使最好的情况亦不出礼仪的范围，那绝不是慈悲；有人问路的时候，停下来告诉他，那是一种礼仪；有人借钱时，若有余力相助，那也是一种礼仪。这些与慈悲完全不是同一回事。

——佚名

举办慈善活动很可能有害无益，当然也可能是有益的（但这种情形极少）。无论如何，这绝不能算是一种德性；这种活动只会更清楚地显示举办人之缺乏真正的慈悲心，以及缺乏对这种情感的了解。

——佚名

※

物质上的慈悲只有在有所牺牲的情况下才能算善；只有在这种情况下，接受者才能同时领受精神上的赠予。

假如那不是牺牲，而只是多余物质的施舍，则只会让接受者心里焦躁不安。

# 12月 26日

## 儿童教育

儿童很容易接受外界灌输给他们的东西，因此，在教育上最重要的事情就是对于能够影响儿童的教材之选择。

现代大部分人都以为自己所信的就是基督教，遵守的就是基督教的道德准则，但这不过是他们的幻想。实际上他们信奉的是歪曲的道德准则，却仍然以这样的道德作为教育新一代的标榜。

——佚名

人在幼年时代被灌输、被暗示的东西，印象最强烈。儿童本身的判断和儿童所看到的实例比起来，前者给儿童的影响力不及后者的千分之一；因此如果儿童在书上所了解到的和他们在实际中所看到的完全是两回事，那么书看得再多，仍然是空洞的，而且是滑稽的。

——佚名

儿童的宗教与他们所看到的行为实例有密切关系，双亲的言传身教反而不起多大作用。儿童的生活有内在的无意识的思想之活动，双亲的叱责、处罚或愤怒对儿童来说只是一阵雷电或骤雨，儿童是凭借本能来感觉并判断双亲的信仰。

儿童能打破我们的假面具，见到我们的本性，这是儿童特有的相面术；儿童受到各种影响之后，通过自己的天性加以变形再通过行为反映出来；儿童是一面最大的镜子。

因此，教育的根本原则是教育你自己；为了好好引导儿童的意志，最重要的原则是好好引导你自己的意志。

——爱弥尔

大人常对小孩说，不要残酷对待其他动物，不要欺负弱小的东西，但小孩走进厨房却发现被杀死而拔了毛的鸡、鸭；大人一边让孩子们看到自己野蛮的不道德的行为，一边又对他们说着一番漂亮的大道理，这对小孩究竟有什么用呢？

——斯杜鲁贝

减少欲望——无论如何这是必须教给年轻人也是必须训练他们的事。“欲望越少，幸福越多。”——这自古存在的真理，被忽略许久了。

——李希登堡

尽量追寻安逸生活的人，将为自己带来最不幸的恶果；因此，让孩子们从小养成勤劳的习惯是非常重要的事。

——康德

教给孩子们谦逊、单纯、勤劳而慈悲的生活虽然无比重要，但如果孩子们实际所看到的是双亲的奢侈、怠惰或杀生的行为，那么一切说教皆徒劳。

——佚名

※

对儿童的道德教育，最重要的是给他们提供好的榜样。首先你自己必须过善的生活，至少必须做此努力；你自己越能过善的生活，对孩子们的教育效果便越大。

# 12月27日

## 教会的虚伪

自从教会的领导阶层宣告“神已委诸我们”以来，也就是自从建立起不可侵犯的外在权威以来，自从承认教会的决议比人的理性与良心更神圣、更重要以来，叫人身心都沉睡的虚伪便开始了屠戮。有数不清的人被杀害，可怕的事情一直到今天仍然继续着。

只有在被称为异端的教义中才有真正的基督教之表现和发展，也就是说，才有基督教真正的明白解释和实现，这听起来也许很奇怪，但却是不容置疑的事实。这些所谓异端或邪教之中虽然也有错误，但其中却具有真正的基督教精神。由国家承认的、靠权力支持的基督教，都不是真正的基督教，因为它们所依据的权力从根本上来说是反基督教的。例如天主教、正教、路德派、英国国教等，都否定了基督教精神的根本所在——爱，而把反基督教精神的权力视为不可或缺，并由此而产生拷问、死刑、火刑。所有与国家结合在一起的教会宗派不但不遵奉基督精神，而且是基督教最邪恶的敌人。它们始终没有悔罪之意，它们自认过去的一切都是神圣的，它们的存在一直构成人民接受真正的基督精神重大障碍。

——佚名

一六八三年，英国正直的雷顿博士因写文章反对主教制度而受到审判，最后被处以如下可怕的刑罚：先遭鞭打后，被割掉一边的耳朵和一边的鼻子，并被烧热的铁在面颊上烫出S·S·代表暴动者的烙印。一星期之后，再度遭受鞭打，并割掉另一边耳朵和鼻子，另一边脸上再被烫以不同的烙印。而这一切皆以基督教之名而为。

——莫里森·戴维森

基督并未建立任何教会，也并未建立任何国家；未建立任何法律和政府，也未给予外在的权威。他只是想在人的心中写上神的法则，让人自己去遵守。

——牛顿

一四一五年，约翰·古斯因有背叛教会的行为而被主教们视为异端，受审判后被处以不流血的死刑，即火刑。

刑场在城外，古斯被带到刑场的时候便跪下来开始祈祷。

死刑执行者命令他到柴堆上去，他跃上柴堆，大声说道：

“基督啊！我将凭你教给我的来忍受这个可怕而可耻的死；我会安静、谦恭地忍耐这一切！”

死刑执行者脱掉古斯的衣服，把他的两只手绑在柱子上，他的脚则踩着一块台子。周围堆满木柴和稻草，堆到古斯的脸部。到最后时刻，德意志帝国派遣的将军赶到，告诉古斯如果他放弃邪教便救他一命。

但古斯说：“不，我并不认为自己犯了什么罪。”

于是死刑执行者在柴堆上点了火。

这时候古斯唱起赞美之歌。火焰随风吹动，并逐渐往上升。古斯的声音也逐渐消失了。

——佚名

一般人都认为教会是真正具有信仰的人所成立的。成立教会的人是否真正具有信仰我们并不知道，但我们知道每一个人都希望自己成为真正具有信仰的人，而且也都在朝此方向努力。任何人都不能说只有自己或只有与自己具有相同信仰的人，才是真正具有信仰的人。

——佚名

※

教会中的人往往看不到教会的真面目。

# 12月 28日

## 科学的功过

假如科学的目的在于发现人生的法则，那么它就是人类极为重要的活动。但假如它的结果只在于唤起闲散阶级的好奇心，它就变成非常无聊和愚蠢的事。

期待有一天人的心灵能完全脱离形而上学方面的探求，就和为了不呼吸污浊的空气而期待有一天完全不呼吸一样的愚蠢。形而上学应该是世界上永恒存在的东西，而且对所有的人，至少对所有有思考能力的人而言，它会显得越来越重要。但由于形而上学对一般人而言过于艰难，他们很自然地就把它抛弃了。时至今日，被称为形而上学的东西皆未能满足有经验的头脑，但要完全放弃形而上学又是不可能的。目前需要的是试图产生纯粹理性的批判，如果这样的批判已经存在，则必须检讨它并将它发展成为人的经验。

——康德

知识——抽象界的知识之最大价值在于我们能将它传达给别人，而且能让别人了解和拥护。只有如此，它才能带来无限重要价值。

——叔本华

若要承认“科学研究”的重要性，必须先证明它能为人类带来某种利益。但学者往往只为研究而研究，并且盲目断定自己所从事的研究必能在某时、某地，或对某人带来益处。

——佚名

和宗教上的迷信一样，也有人因不愿面对弱点而产生学问上的严重迷信；这和宗教上的迷信一样，是极为有害的。人都会犯错，人的生活都未能尽善，甚至容易陷入邪恶中。而当人的天性意识到自己生活的不正当时，自然会想法改善。但后来却出现“学问”这种东西——出现政治学、经济学、神学、法律学、政治经济学、史学，以及近代流行的社会学；它们都主张人的邪恶生活是由不变的自然法则产生，因此人的任务并不是对抗自己的弱点，让生活由恶转善，而是只需要遵从学者所发现的法则，顺应自己的生活动向。这种迷信完全违背了人类健全的思想与良心，因此假如这种迷信不是由于在为人的邪恶生活辩护，而给人安慰，那么它是绝不可能被人接受的。

我们并未有充分的知识足以帮助我们了解人的肉体生活，想想仅仅为了解它，我们就必须知道多少事！肉体需要空间、时间、运动、温暖、光、营养、水、空气以及其他种种东西；因为大自然的一切都是紧密结合在一起的，所以绝不可能不知其他而只知其一，不知全部而只知部分；为了解我们的肉体生活，也非得了解它所需要的一切东西不可，或者说非得了解整个宇宙不可。但宇宙是无限的，要了解它并非人力所能做到，也正因如此，我们甚至对自己的肉体生活都无法完全了解的。

——巴斯噶

研究对人类精神生活无多大帮助的学问，就像兜风、滑雪、划船、散步以及其他种种娱乐一样，只在不妨碍我们尽义务的范围内才被允许；不顾自己的义务，只埋头于对人类真正精神上的幸福并无帮助的学问，就如同耽溺于种种娱乐，这是不道德的。

——佚名

※

真正的学问并不是现代人以种种名称来称呼的东西，它必须是了解人类的幸福所需要的最崇高的东西。

# 12月29日

## 以非暴力对暴力

在暴力继续存在期间，战争便要反复出现。战胜暴力的不是暴力，不抵抗暴力、不参与暴力才能战胜暴力。

假如我的士兵们都懂得思考，恐怕不会再有任何士兵留在战场上了。

——腓特烈大帝

战争时，杀人的野蛮本能经过数千年的灌输培养，已经在人的脑子里深深扎根。但我们不能不期望将来会有比我们更进化的人类脱离这种可怕的罪恶。

——雷多尔诺

我终于了解何谓军规了。当下士对小兵讲话，或中士对下士，上士对中士，以此类推一直到将军讲话，即使把二乘二说成等于五也是对的，这就是军规。一开始要了解这种事是困难的，后来知道在各个军营里都贴着写明军规的布告，才帮助我了解上述情形。布告上声明，假如士兵拒绝服从上级的命令，或逃避兵役回到自己的故乡，都要被判死刑或五年监禁等。

——夏特里安

假定我买了一个黑奴，这个黑奴就变成了我的东西，他必须像牛、马一样劳动；若他不听话，我就减少他的食物或鞭打他。但这是很可怕的事吗？我们对待士兵是否好过于此呢？士兵不是和这个黑奴一样被剥夺自由了吗？无论是黑奴还是士兵，都无法逃离自己被安置的地方，两者只要稍有过失，同样都要受到鞭打；他们的薪水几乎是相等的，但黑奴因为没有被剥夺生命的危险，这一点就比士兵的命运要好，而更好的是可以跟妻子、儿女一起生活。

——法朗士

※

只有在人人都不参与暴力，并且以非暴力对待暴力的时候，暴力才会消失，战争才会绝迹——这是消灭战争的唯一方法。

# 12月30日

## 四海之内皆兄弟

全世界的人都已经逐渐意识到人类是应该互相结合在一起的。

基督在世上的使命是：让所有的人成为同胞；让所有的人互相结合在一起，而且都因神而结合在一起；让大家相信在神圣法则（即爱的法则）之下的所有人都是一体的，并相信这就是生命的永恒性之所在。

——拉梅内

我们了解在精神世界大家都是兄弟姊妹吗？我们了解人的内心深处与万物的根源是相通的吗？我们了解人可以不断地向神的完美性精进吗？我们了解在别人心中和我们心中同样都存在着神性的生活吗？能让所有人真正自由结合在一起的正是这些东西。

若想改善人类的生活组织，人们必须有相互间新的尊敬；假如大家仍像目前这样彼此以家畜看待，那么带着暴力与狡猾、把别人当工具以达成个人目的的状态便将持续下去；假如人不了解自己与神的亲密关系，以及神给予人的伟大使命，那么同胞间爱的精神便不可能存在。

目前这种思想却被认为是虚妄的；相信每个人都是神之子、想在人人心中发现同胞间爱的人被认为是幻想家。但只有了解这种最单纯的真理，才有可能改革社会，建立起我们目前想象不到的新关系；没有人想象得到，由于人人深入彼此的精神领域，了解到即使是身份最低贱的人也存在的精神意义，社会将会有怎样的改变，在人与人之间将会产生怎样安详的、互相尊敬的、和平的气氛，以及改革社会的精力！

到那时候，目前我们不会太留意的小小的屈辱、烦恼和迫害，都会比目前最大的罪恶更加强烈地搅乱我们的心；到那时候，每个人在别人心目中都是神圣的，对人的任何侮辱都会被认为是对神的亵渎；了解这个真理的时候，我们就不会再毁谤邻人，因为我们能在所有邻人的内心发现神。没有比这样的真理更实在的了；我们现在所需要的是新的启示，但那并不是有关天国与地狱的启示，而是有关存在于我们内心的精神之启示。

——柴宁

我们无法去爱我们所恐惧的人，也无法去爱对我们心怀恐惧的人。

——西塞罗

一边讲道德，一边把义务局限在家庭和国家的人，固然程度有所不同，但同样都是在提倡对自己和对别人皆有害的利己主义。家庭与国家是两个圆，但两者都必须包含在一个更大的圆里边；这是两个非通过不可的阶梯，但不能仅止于此。

——马志尼

※

认识到凡人皆具有同一精神根源而产生的万物一体的意识，将带给人内在的以及外在的幸福。妨碍这种意识的是迷信以及人与人之间的分离，确定这种意识的是真理与爱。

# 12月 31日

## 时间是不存在的

过去已经不复存在，未来还没有来到，现在是已经不存在的过去与尚未来到的未来两者间无限小的一点，而人就在此中实践他的生活。

“时间流逝”——我们习惯如此说。但时间是静止不动的，流逝的是我们啊！

——《犹太法典》

时间在我们背后，时间在我们面前，但它不在我们身旁。

——佚名

我是由精神与肉体所构成。对肉体而言，万物无差别，因为物体并无分辨的能力；对精神而言，一切并非从精神发生的也都是无差别的，而精神则各自独立。但精神生活在过去与未来皆不具任何意义，其重要性全部集中于现在。

——奥勒留

所谓时间，是一个极大的幻影；时间不过是我们用来了解事物或生活的内在棱镜；而我们就在时间之下不断地看到超越时间的，亦即存在于观念中的东西。眼睛无法一眼看到球体的全部，但球体是存在的；只有下面两种情况能看清整个球体：球体在看它的眼睛之前旋转，或者眼睛本身在自己所观察的球体周围环绕。

第一种情况是在时间之中旋转或似乎在旋转的世界之中，第二种情况是我们所分析的不断变化的“思想”。对至高的理性而言，并无“时间”之存在，未来也是现在。时空只不过是我们借以利用有限存在的无限存在之片断。

——爱弥尔

我们可以想象如下的聪明人物：预感未来比回忆过去更容易。但在小虫的本能之中，我们也可以看出某种东西是指向未来，而不是指向过去的，假如高等动物回忆过去与预感未来的程度相等，那么小虫不是要胜过我们了？实际上，预感未来的能力与对过去的记忆往往是站在相反的立场的。

——李希登堡

我们的心被放在肉体之中，它就在此发现数量、时间或大小，并且对这些有所判断，进而称之为自然、必然——人只能作此想法。

——巴斯噶

※

“时间”是不存在的；存在的只有无限小的现在，生活就在其中实践。因此人必须将全部精神都集中于现在。